*少年萬花筒

少年萬花筒

Wie ist das mit... der Umwelt

環保小學堂

克莉絲提昂・諾茵郝絲（Christian Neuhaus）◎著
珊德拉・雷克爾斯（Sandra Reckers）◎繪
黃淑欣 ◎譯

目　錄

前言：
誰在保護環境？為什麼要保護環境？

所有的人都在談論環境是如何的遭到破壞，你一定也聽多了「環境保護」這個字眼。但你曾問過自己，究竟是為了誰而必須保護環境嗎？如果答案是，人類必須為了人類而保護環境，是否會令你驚訝不已？

聽來有點奇怪，對吧？「環境」——它正是圍繞在我們周遭的這一切：植物、動物、那個你和父母親一起去散步的森林、這些你正呼吸的空氣、這塊你生活的土地，還有那源自於河流、湖泊、海洋的水。所有的東西以及更多的事物，都是我們的環境。這些造物者的傑作可能受到人類的威脅嗎？你大概會這樣反駁：「海洋非常浩瀚，渺小的人類根本不能稱做是威脅！」

你這樣說是對的——但也不對。單獨一個人對於環境不會是威脅，但許多人結合在一起，便能夠完完全全讓這個地球失去平衡。我們人類應該要擔心，「環境」這個詞語實際上的意思，已經變得相當骯髒：許多的船舶在海裡沉沒，同時將難以計量的燃料用油傾入海洋裡，造成魚群和海鷗的死亡。小客車、大貨車和飛機的廢氣汙染了我們的空氣。在這不久之前，大家卻還討論著氣候變遷和全球暖化的議題。

如果地球遭受破壞，生存在其中的人類也一定連帶遭殃。少部分會造成地球負擔的「不良習慣」，我們已經戒除了，並養成好的習慣：包括使用沒有含氯氟烴（HCFCs）[1]揮發氣體的寶特瓶、回收自己的垃圾、為車子加無鉛汽油。

但是我們仍然使用著許多會傷害地球的物品。其中，有些或許並不明白它對環境有害，但更多的時候，明知它會傷害環境，我們卻持續的那麼做：例如，開快車、喝瓶裝水、使用自來水噴灑草地。

我們每個人都可以為保護環境做點什麼，在本書之中，你可以找到些許的建議與方法。

要理解為什麼以及為了誰我們應該愛惜環境，

1　會破壞臭氧層的氣體。

首先就必須明白環境是如何運作的？在每一個章節之中，孩子們會經歷一些相當特別的事件，讓他們記憶深刻，永生難忘。美好的日落、熱氣球之旅、海灘散步——環境無疑是驚奇的體驗場，而且大多數時候，它異常的絢麗。

偶爾大自然也會造成威脅：如果暴風雨來臨，環境相對的將變得足以危害生命。可以確定的是，環境絕對不無聊。從花園池塘裡的小青蛙到地球的氣候，只要你仔細的觀察，隨處都有新奇的事物等著被發現，隨處都有奇珍異寶值得被保護。

當然，只有你單獨一人是不能拯救世界的！但你可以將心力貢獻於保護環境。例如，透過實際使用書裡的幾個建議，達到保護環境的目的。在日常生活中，你們（包括自己、家人還有親朋好友）一定可以發現一些不同的方法，能讓環境變得更好。因為當環境趨於美好，人類才能生活得更好。

太陽——生命的動力

提姆家的屋頂會發電

提姆期待這天已經很久了：今天工人會來，他們應該會在威悉特家的屋頂上安裝太陽能裝置。早餐過後，提姆便立刻到他最喜愛的位置上守候：從房子入口的台階上往外望，整個街道和花園都盡收他眼底。在這裡他不會錯過任何東西。除此之外，只要出太陽，台階上總是非常的溫暖。早晨的陽光常常曬得他鼻子裡都發癢。

提姆回想起令他興奮的上個週末：他的爸媽接受了詳細的諮詢，威悉特家一整天都在討論著。他們拿著計算機處理複雜的算式，而且和建築師拜爾先生一起繪製設計圖，然後決定要蓋一個太陽能發電站。但不是又灰又醜又巨大，有著排氣煙囪和灰色高牆的發電廠，而是一個在自家屋頂、小小的私人發電站。所有的能源只由太陽供應——沒有噪音和廢氣！這種利用太陽光發電的科技，我們叫它「光電池」。

如果沒有太陽，地球將會是一片荒涼的冰原

太陽是一個巨大的恆星，圍繞太陽的有地球以及太陽系的其他行星。在太陽的表層有許多將近攝氏五千度的火柱拍擊著。而太陽的內部，溫度甚至可以到達攝氏幾百萬度。這些能源以溫度和光線的形態傳達到地球。我們很幸運，因為若沒有這些光線和溫度，那地球將只會是一個蒙上冰層、荒蕪的行星，沒有人類，沒有動物和植物。

提姆剛開始無法理解，為什麼他的父母親要改建房屋：「到目前為止，電源總是會從插座傳來。到底為什麼現在我們需要一個自己的發電站？」

提姆的媽媽向他解釋：「從插座傳來的電源，大部分是來自於火力發電廠，但是這些火力發電廠會製造大量的廢氣和髒汙，然後藉由巨大的煙囪排放到空氣裡去。相反的，如果我們使用來自太陽的能源，就不會製造廢氣。」

爸爸也補充說道，「我們幫忙減少空氣汙染，就能為環境盡一份心力，同時還可以有額外收入哦！」爸爸一邊說著，一邊滿意的搓著手。「你一點也不用擔心，」爸爸安撫著提姆，「電源還是會繼續從插座傳來，只是它是從我們自己的屋頂上製造的，完全是藉著太陽的力氣！所以我們不需要任何煤炭，也不用任何瓦斯。」

「而且最棒的是，」威悉特太太熱情的打斷老公的話，「以後我們的熱水和洗澡水也都是由太陽加熱的。不久之後，在我們的屋頂上，可能不只是有一個光電池發電站，而是所謂的『太陽能加熱裝

太陽的力量

太陽是一切生命的根本。藉由太陽熱能和太陽光，植物、動物和人類才得以生長。植物們甚至會儲存太陽的能量：如果我們砍掉一棵樹並將它當做木材燃燒，那這棵樹畢生所儲存的太陽能，就在同時之間重新被釋放了。這樣的光和熱度，我們甚至能看得到——它就是火焰！

置』，不過這麼好的東西，名字也很複雜。」威悉特太太開心的解釋著，並且對提姆眨了眨眼。

街道上傳來隆隆聲響，提姆從自己的沉思中驚醒過來：工人來了！提姆根本沒注意到，工人早已開始將巨大的、帶點淡藍色、閃閃發光的平板卸到前院裡。他最近才在爸爸拿回來的照片裡看過這些平板，那是儲存電力的裝置。前院還有一些其他暗色的平板：在這些玻璃平面下，黑色的管子筆直的排列著。它們還沒用金屬箔紙包起來。

「這應該是太陽能加熱裝置的平板了，」提姆思考著，「這些管子大概是用來傳送水的，然後水最後會被送到浴室。這真的很棒！全部的事情，人們都可以藉由太陽的力量完成。」他這樣想著。但是從上次暑假在海邊的經驗，提姆也知道，太多太強的陽光也是會有危險的。那時他第一天就狠狠的被太陽曬傷了。

現在四個工人已經從貨車上卸完平板了。提姆好奇的觀察著，穿著工作服的工人們如何將他們的工具箱、鑽孔機，及許多長長的金屬條搬到房子前面。突然之間，屋頂上傳來引人注意的聲響。提姆

為什麼在太陽底下我們也要保護自己？

沒有太陽我們就沒辦法生存。太陽溫暖我們並提供光線。太陽光會刺激我們的身體產生必需的維生素，而且會讓我們保有好心情。如果沒有太陽光，我們的心情就會變差，也會生病。但是曬太多的陽光也不好！因為在太陽之下曝曬過久，一部分的太陽光就會傷害我們的肌膚，造成曬斑，那可是會非常非常的痛。太常曬傷皮膚的人，甚至可能得到皮膚癌。還好的是，如果定期健康檢查，就可以預防並且治療。

往屋頂上一瞧：兩個工人正要將一部分的屋瓦掀開。

「希望今天不會下雨，」提姆這樣想著，「不然雨還會落到我的遊戲間去。」今天早上的天氣還真有點捉摸不定。雖然天空中飄著許多雲，但是看起來幸好不是要下雨的樣子。提姆腦袋裡已經在思考另一個問題：「如果有的時候太陽不出來，我們這小小的發電站究竟要怎麼發電呢？」而且這種情

況在秋天和冬天可是相當常見的！現在太陽已經慢慢躲在雲朵後面了。

「不知道爸爸跟媽媽是否也仔細考慮過這個問題？」提姆開始擔心了起來，「如果每次雲朵一遮住太陽，電視機就停掉，那我覺得這個太陽能發電站完全是個傻主意！」而且晚上的時候怎麼辦？夜晚時，人們更需要電力，這樣才可以打開電燈啊。提姆仔細的想像這場災難：以後晚上都不再有電、不再有熱水，那會是什麼樣的情形？是不是他們從現在開始清晨只能沖冷水澡，而晚上必須靠燭光才能刷牙？這種種的疑問，他等會兒一定要找出答案！

提姆飛快的爬著樓梯到他的房間。他每次特別急的時候都是如此，一次跨上兩格階梯。從他房間的天窗可以觀察屋頂工人的施工。整個屋頂裸露出來，屋瓦都被移開了，可以看到支持屋頂架的全部木梁。一個工人正把金屬支架固定在屋頂架上，這樣等會兒才能支撐好那些藍色的、黑色的平板。

工人一邊揮著汗，一邊鎖緊螺絲。他一注意到提姆，便對著提姆笑道：「小朋友，怎麼樣？你要不要和我換一下班呢？」

提姆害羞的搖搖頭。在這裡他看到更多的工人。電纜工人背著一大捆電纜，牽著好幾尺黑色的纜線，一直鋪到屋頂的平坦處。另一個水電工人也在這裡，正在將管線焊接起來，這些管線一路從屋頂鋪設到地下室裡。

平常家裡很少這麼熱鬧的。提姆又跑到了前

院，他的父親現在正和熟稔的建築師研究藍圖。

「爸爸，為什麼這些太陽能裝置的東西看起來泛著這麼藍的光？」提姆這樣問他的父親。

「這些太陽能裝置的東西叫做太陽能模組，是由許多小小的四角形太陽能電池組成的。這些電池含有所謂的矽[2]晶體，而這些矽晶體的顏色就是這種漂亮的藍色。我們也可以從相當平凡的沙子中取得這種矽元素，像是你在海灘上堆沙堡所用的沙子也含有矽。」

提姆想到了些什麼，又飛快的衝回房間拿起手提音響。他的父親又埋頭在一堆建築藍圖裡了。「爸爸，我們現在可不可以把這些矽元素貼在我的音響上，然後音響就有電力可以使用了？」

他的父親笑了：「原則上可以，但是在屋頂上所產生的電力會直接送到發電廠。因為要儲存這些電力有點難，所以我們將生產的電力輸送給發電廠，然後，只要我們需要，就可以定期從發電廠取

2 化學符號：[Si] 矽。

得電力。否則的話就會有問題：由於沒辦法妥善儲存生產出來的電力，晚上會發生像是電燈無法使用這樣的問題。冰箱、電視還有小收音機也就只能在白天的時段使用。」

「原來如此，」提姆靜靜的想著，「現在我都清楚了。」

建築師插話說：「除此之外，你的父母親也會因此賺進一些錢哦。」

「沒錯，」提姆的爸爸證實了建築師的話，

「骯髒的」和「乾淨的」能源

到現在為止，人們主要透過燃燒樹木來取得能源——包括那些人們砍伐的，或者是幾百萬年前就已枯萎並且腐朽，然後在長時間的作用之下變化成煤炭與天然氣的樹木。這些就是所謂的燃料，人類深入地底將它們挖取出來利用已有數百年的歷史。

在燃燒煤炭和天然氣的同時，不單單只會產生能源，也會釋放出廢氣、灰塵，還有碳粒子。大量的廢氣尤其對我們的環境有害，也就是所謂的二氧化碳。因此研究者不斷的在找尋新的方式，以便取得「乾淨的」能源：透過使用太陽能，可以在不製造出廢氣的情況下獲得電力和熱源。

即使是風力發電，其實也是利用了太陽的力量，因為太陽是天氣變化的製造者，也是風的來源。感謝這「乾淨」的太陽能，使我們可以在不繼續造成地球的負擔下有所貢獻。

「發電廠會付給我們生產電力的一些費用，這些費用多過於我們使用電力後必須付給發電廠的錢。這些事都經過專業人員確認，好讓其他人願意在屋頂上裝設這樣的太陽能發電器。而且我們的獲利，」爸爸向提姆眨了眨眼，「可以支付下一次全家渡假的花費哦。」

這次的經驗，讓提姆留下深刻的印象：太陽能不僅是對環境有益的，它甚至能帶給全家人一次美好的假期！

但是還有一個問題讓提姆不得閒：「那麼熱水呢？我們是不是只能在出太陽的時候洗熱水澡呢？」

他的父親笑了。「不是，任何時候你都可以洗熱水澡。我們可以相當妥善的儲存熱水在地下室裡。這些屋頂上的集流器有長條狀的管子，裡頭存有液體。只要太陽將這些液體加熱了，它們就會經由管線導入地下室。在那裡這些液體將它們的熱能釋放給水，然後這些熱水會被保存在一個鍋爐裡，直到我們洗澡或是清洗東西要使用時。這樣你清楚了嗎？」

「那在冬天，或是天色很灰暗的時候呢？」提姆驚奇的問道。

「就算在冬天，太陽還是有足夠的力量將水加熱。如果真的有一天天氣太冷或是太陽整天都沒露臉，那麼必要時，我們還有煤氣暖器。」

現在提姆安心了，並且突然變得很著急。他一定要馬上去好朋友馬克思家，把這個棒呆了的裝置告訴他。

隔天，工人們終於完工了。中午時，提姆和馬克思站在屋子前觀察屋頂。提姆內行的向他的朋友解釋每一個建築部分：「那個，在那邊閃著藍光的，是太陽能模組。旁邊那個黑色的平板是用來收集太陽熱能的。那是太陽能集電器，我們用它來製造熱水。」

馬克思點點頭，並對此留下深深的印象。提姆已經超級興奮了，因為他的父親和建築師馬上就要啟動裝置。「真幸運，」他這麼想著，「今天有出太陽。」

他的母親從廚房的窗戶裡探出頭來喊道：「你

們動作快一點，我等一下就需要用熱水了！」

「別急嘛，」威悉特先生哄著她，「等到地下室的水夠熱，還需要一點時間。」

現在提姆、馬克思、提姆的父親，還有建築師拜爾先生，一塊兒走到地下室去。水電工已經在裡頭架好了一個大鍋爐。地下室的牆上則由其他工人安裝好了一些新的儀器，上頭有著一些指針和一個儀表板。

拜爾先生轉開了一個開關，對提姆的父親說，「如果你想要的話，我們現在可以把電匝拉下。」

「請拉下它，我們要使用太陽之力產生的乾淨電源。」提姆的爸爸用慎重的語氣回答道。

拜爾先生按下一個紅色的按鈕，儀表板上的指針倏的跳起。「漂亮！幾乎快兩千瓦的效能！」拜爾先生大喊著，「恭喜！」

威悉特先生滿臉喜悅的將提姆抱住：「我的小寶貝，這是個相當特別的時刻。」

提姆十分敬畏的問著：「熱水呢？」

「熱水馬上就好，」建築師也開心的很，「現在我只需要將幫浦打開，然後整個流程就開始啦。

等到水池完全熱起來，大概還要幾個小時。靠近一點，你們兩個小傢伙，來按這邊！」提姆和馬克思壓下一個更大一點的紅色按鈕，一個小幫浦開始輕輕的嗡嗡作響。

四個人感到相當驕傲，又爬上樓梯，回到了廚房。提姆快步往前衝：「媽媽，從現在起我們就有太陽電和太陽水了！」

媽媽開心的說道：「好極了，如果可以的話，現在我就用這相當獨特的電力幫你們煮杯咖啡。」

「當然好！」兩個大男人齊聲說道。

「至於你們兩個呢，提姆和馬克思，我就幫你們煮杯熱可可！」

「第一杯利用威悉特發電站輸出太陽電力泡的可可，」馬克思逗趣的說道，「我一定要跟我的父母親講。」

提姆看著他的爸媽，非常以他們為傲，還有這個他們共同擁有的家庭發電站。

大氣層——一層氣體
包住我們的星球

安娜·瑪莉乘坐熱氣球飛上青天

當安娜·瑪莉放學回到家時，她的母親滿臉喜色的在門邊等著她，神祕的說：「快點進來，安娜，妳一定猜不到我要給妳看什麼東西！」

安娜·瑪莉感到相當的好奇，她猜著，「有誰來了嗎？」「是瓦特叔叔嗎？他總是這麼熱情大方，每次都帶很棒的禮物來。」安娜快步跑進家門，穿過了玄關又轉進客廳，但是客廳裡是空的，就連廚房也沒有任何瓦特叔叔的蹤跡。突然，安娜看到廚房的桌上放著一封信，上面署名給安娜·瑪莉。「真奇怪，」她覺得有些驚訝，「通常只有在生日的時候才有我的信呀。」

安娜·瑪莉迫不及待的把信撕開，裡頭是一份〈城市報〉的來函。上面寫著：「親愛的安娜·瑪莉，恭喜妳！三個禮拜前妳參加了我們所舉辦的『潔淨市區森林』有獎徵答活動。我們非常的榮幸能夠通知妳，妳抽中了第一特獎：熱氣球之旅。當然，妳可以帶著父母同行。」

安娜·瑪莉想起了〈城市報〉所舉辦的這個活動。某個週六，她和爸媽以及其他許多人在森林中健行，一路上從矮樹叢和步道旁撿了不少垃圾。

「真不敢相信，這些散步的人把垃圾隨意的丟在這裡，而不是丟在垃圾桶裡。」她一邊搖頭一邊回憶著。接著她又想起通知函上寫的東西。

「媽咪，我中獎了！」安娜·瑪莉興高采烈的飛奔過去，摟著母親的脖子。「一趟熱氣球之旅，太棒了！這簡直和搭太空船去月球一樣棒！」

她的母親也替安娜感到開心。「太好了，這一定會是個美好的經驗。剛剛報社的小姐已經打過電話來了，我和她討論好了時間：十四天之後，我們出發去天空！」

這一天終於到了！漫長的兩個禮拜以來，安娜·瑪莉每天早上都迫不及待的盯著日曆瞧，每晚都準時收看電視裡的氣象預報。她非常的希望，在當天會出太陽，因為陰天的時候，氣球可不能升空。還好氣象報告說今天是個好天氣。昨晚氣球駕駛員已經打過電話來，笑著告知計畫如期進行，安娜．瑪莉幾乎興奮得睡不著覺。鬧鐘響起時，天根本還是黑的，因為安娜．瑪莉和她的父母親必須在大清早起床，並且開車到位在郊外的氣球升空預定地。當這三個人從家裡出發時，太陽才剛出來呢。

安娜．瑪莉的小腦袋裡閃過許多問題。

「爸爸，為什麼是叫做氣球航行，而不是氣球飛行呢？」她的爸爸看著她，笑開了。「我早知道妳會問這個問題，所以我特別去查閱了百科全書：第一個氣球駕駛員，把環繞著地球的大氣層取名叫『空氣海』。在那個時候還沒有飛機這個玩意兒。那時的人們對於天空是由什麼組成的、有沒有邊際，知道的很少。由於以前人們對海洋比較熟悉，那位氣球駕駛員便直接借用航海的用語了。」

安娜．瑪莉在百科全書裡曾看過一次最初的氣球的照片。那是個深藍色而且裝飾得極美的氣球。

她開始微笑的幻想著，如果第一位氣球駕駛員真的在她的氣球下吊掛一艘船，那會是什麼模樣？但是現在還有另一個問題困擾著她：「氣球到底要怎樣把自己抬到空中呢？」

剛好，她的媽媽是個物理學家，而且對於這一類的問題，她總是知道答案。「在氣球下方有一個瓦斯爐，瓦斯爐會讓氣球裡的空氣慢慢的熱起來。妳知道的，熱空氣比冷空氣還要輕。如果氣球裡的空氣明顯變得比外面的空氣還要熱，它就會渴望向上升，然後氣球就會以相當慢的速度爬到空中囉。就是因為這樣，我們也稱它為『熱氣球』。」

安娜．瑪莉幾乎等不及了。三個人終於到達了預定地，也就是氣球要升空的地方。熱氣球的工作小組已經在等他們了。彩色的氣球還扁扁的躺在地上，有一些人在準備飛行要用的竹簍和爐具。時間非常足夠，安娜．瑪莉可以好好的追問氣球駕駛員尼邁耶爾先生所有的問題：「早安，機長先生！為什麼我們要這麼早起床呢？」

風是怎麼形成的？

如果空氣暖起來，它就會膨脹並且變得比較輕。比較輕的空氣會向上升，然後比較冷的空氣就會下降。例如聖誕金字塔[3]的蠟燭也是類似的原理：燭火上的空氣被加熱後升起來，推動了聖誕金字塔上的螺旋片。而熱氣球的例子，則是熱空氣讓氣球升到空中。

同樣的情況也發生在夏天。當出大太陽、地表被照熱時，靠近地表的空氣就會因熱而上升。冷空氣則從另一個地方流下來，碰到溫暖的地表之後也同樣會變熱並且上升。然後，其他冷空氣再流下來。我們所俗稱的風，也就是氣流，就是這樣形成的。

---

3 聖誕金字塔：將蠟燭交錯疊高成塔狀的聖誕節裝飾品，塔的頂端有輕薄的螺旋片，會因塔上許多蠟燭產生的熱氣而慢慢轉動。

尼邁耶爾先生摸著自己銀灰色的鬍子，微微的一笑。「這是個合理的問題，年輕的小姐。我們只在早上和傍晚，也就是太陽升起不久之前和太陽西落不久之前，升起熱氣球。那個時刻的空氣比較平穩。白天的時候太陽照射太強烈，陽光會讓陸地熱起來，並且產生上升氣流和下沉風，這些風可會讓我們的竹簍猛烈的搖晃起來。那好吧，換在晚上飛行，也不是個好主意。因為這樣一來我們就沒辦法

看清楚我們降落在哪裡，這樣也太過於危險。」

安娜．瑪莉點點頭。如果是這樣的話，她也不要在晚上乘著氣球穿越天空。

他們的背後突然響起一陣嘶嘶的聲音。安娜．瑪莉驚嚇的回頭看向工作小組。他們已經將氣球準備好要起飛了。乘客在飛行時乘坐的那個大大的竹簍，現在也立在草地上。小組中的一個人正在測試爐子，伴隨著一陣呼嘯聲，爐子射出了強烈的火焰。「真是超級大聲的！」安娜．瑪莉一邊想著，一邊把耳朵摀了起來。

現在工作小組用鼓風機將空氣吹進扁平的氣球裡，氣球漸漸的鼓脹起來了。同時，尼邁耶爾先生也開始用爐具將氣球裡的空氣加熱，氣球因此膨脹得更大了。工作小組現在將竹簍立了起來。

其中一個組員又給安娜．瑪莉和她的父母親一些提醒，好讓他們知道在空中允許做哪些動作，哪些不行。當氣球灌滿了熱氣後，工作人員便在竹簍上裝好無線電、急救箱和一個滅火器。然後安娜．瑪莉全家人就可以踏上一個小梯子，到竹簍裡的尼邁耶爾先生那邊去。當大家都在竹簍裡站穩後，駕駛員一再的拉動纜繩，好讓瓦斯爐具重新點燃。接著一束火焰噴出，繼續加熱氣球裡的空氣。

為什麼空氣不會流洩到宇宙裡？

地球被一層空氣環繞著，這層空氣我們稱做大氣層。越往上端的大氣層就越稀薄，在幾十萬呎的高空之外便不再有氧氣。在那樣的高空中，大氣層就轉變成真空的宇宙。

你可曾問過，為什麼大氣層的空氣不會直接流洩到宇宙裡呢？這樣一來我們可就糟了，因為沒有空氣能呼吸了。很幸運的，這些事情不會發生。也許你曾經聽過地心引力這個名詞。這股力量能讓我們不會輕易的飛走，反而牢牢的站穩在地表上——除非我們跳起來……同樣的，地心引力也穩穩抓住大氣層的空氣。好吧，是有些空氣偶爾會跑掉，但是為數甚少，少到人們根本不會察覺。

時間總算差不多了。在幾乎沒有感覺的情況下，氣球慢慢的升空了。在陸地上的工作人員揮著手並且喊著：「一路順風！」。漸漸的，他們變得越來越小。氣球已經將樹林拋在腳下，接著安娜·瑪莉看見許多房屋和教堂。森林裡的路徑逕自蜿蜒著，路上的汽車看起來就像玩具一樣。東邊的太陽已經越過地平線微微升起，並綻放出這天的第一道光芒。但氣溫仍然是相當的涼爽。

安娜·瑪莉緊緊握著她母親的手。雖然她的腳下就只有空氣而已，但她一點也不怕。她從一旁觀察著尼邁耶爾先生。他看起來非常的冷靜、非常的熟練。每隔一段距離便檢查一下瓦斯火焰，並且不時撫著鬍鬚深思著。

「他一定已經做過很多次熱氣球飛行，」安娜．瑪莉這樣想著，「也有豐富的經驗把我們平安的再帶回地面。」尼邁耶爾先生再次拉了拉纜繩，然後爐火又一次的噴出火焰，熱氣球也因此往上升高了一些。

安娜．瑪莉的爸爸和駕駛員不停的討論著熱氣球飛行的技術，媽媽和她則單純享受著這一刻寧靜無聲的飄遊。

「我覺得我好像一朵雲。」安娜的媽媽興奮的喊著。

安娜．瑪莉則嘗試沿著熱氣球往上張望著。「那上面總還是有好高的天空。而下面在地表上的人們和房屋，卻已經變得好渺小！」她心裡這樣想著並且驚訝的轉頭問駕駛員：「我們現在已經和雲一樣高了嗎？」

尼邁耶爾先生綻開了笑靨：

「還沒有，我的小姐，最低的雲朵離我們大約還有一公里遠呢。我們的熱氣球目前已經到達七百公尺的高度，這和世界上最高的摩天大樓差不多是一樣高。有的時候，在這樣的高度已經可以遇到雲朵了。」

「那天空到底有多高呢？」安娜．瑪莉問了之後，在下一秒就自己認為：「這是個什麼蠢問題！」

但是尼邁耶爾先生顯然一點也不覺得這個問題蠢。他再度摸著鬍子並且說道：「這幾乎是個哲學的問題了！從天空前往宇宙的通道是非常輕柔的，因此要回答天空有多高這樣的問題是很難的：天空一樣被劃分為許多不同的層面，我們說的大氣層也算在內。最底下的、有天氣變化的那一層，大概只有十公里高，叫做對流層。在對流層上面還有其他不同的層面，其中最有名的就是臭氧層。上升幾百公里之後，人們就慢慢可以到達真空的空間。」

「那我們搭的熱氣球最高可以到達哪裡呢？」安娜．瑪莉問道。

「我們還可以再往上升高個幾公里，但是上面的天空會開始讓人冷得不舒服。另外，上面的空氣會慢慢變得稀薄，以致於我們可能會有呼吸上的問題。在那裡就像爬山時那樣，需要有氧氣瓶。」尼邁耶爾先生這樣解釋著。

「而且趁我們在這上面飄遊前進時，我也想要

臭氧：一種保護我們的毒藥

臭氧對人體來說是一種相當毒的氣體。另一方面，它對我們的生活卻又絕對不可缺少！為什麼呢？大約在二十到三十公里的高空中有一層由臭氧組成的層面，也就是臭氧層。臭氧會攔截一種太陽發射的有害光線，這種光線會將我們的皮膚燒焦，並且可能導致如皮膚癌這類嚴重的疾病。所以臭氧層對我們而言，就像是擋住太陽的盾牌一樣。

在我們的周遭也會形成臭氧，這些臭氧會破壞我們和植物的健康。特別是在夏季，太陽照射強烈時，陽光會將汽車和工廠的廢氣轉變成臭氧。報紙上和廣播中都很常討論「夏季煙霧」。如果在有夏季煙霧時快速奔跑，你會覺得肺裡像有火焰一樣，而且會非常不舒服，這就是毒藥臭氧的作用。臭氧之於我們人類，是有益或是有害，端看它處在地球大氣層的哪裡而定。

稍微觀察一下在地面上的人群和建築物。」安娜．瑪莉的爸爸這樣喊著，他剛剛才發現了下方的足球場，並且用數位相機拍了不少張照片。「這些照片絕對會讓我足球社的朋友們很羨慕。」爸爸滿意的自言自語著。

「他說得沒錯。」安娜．瑪莉這樣想著；她完全顧著研究天空，而根本忘記地面了。「下面有好多東西可以看呢！」她探出熱氣球竹簍的邊緣並且往下看。那是她居住的城市。有好多的房屋、街道還有停車場。環繞著城市延伸出遼闊的平原和森林，幾條連外道路將森林區分了開來，更遠的西邊則有高速公路穿越而過。市區本身則不知道為什麼，處在雲霧之中。

「是什麼原因，讓市區的上空這樣霧濛濛的呢？」安娜．瑪莉問熱氣球駕駛員。

「這是城市的霾[4]，」尼邁耶爾先生這樣解釋道，「大城市裡有許多汽車跑來跑去，還有工廠和

4 懸浮於空氣中之煙、塵等微粒聚集形成的昏暗現象。

如果空氣很髒

暖氣機、工廠煙囪還有汽車，不停的將廢氣排入空氣中，並且把空氣越弄越髒。廢氣是不健康的，會讓植物、動物和人類都生病。有些城市裡居住的人們甚至會覺得呼吸很困難，因為空氣品質實在太糟。幸好有一些進步的發明已經讓許多地方的空氣改善，例如：觸媒、碳粉過濾器、無鉛汽油。

但是那些主要增加我們空氣負擔的，是對於電力生產相當重要的石油、煤炭和天然氣等這類能源的燃燒。因此研究人員現在仍不停的嘗試各種可能性，讓人類能從其他方式取得電力。他們也在嘗試要研發比較環保的汽車，讓車子有可能不必使用汽油發動。

家庭暖氣機將廢氣排放到大氣層裡去。這些髒汙全都聚集在城市上空的空氣裡，然後市區就變得陰暗起來了，有時甚至會讓人覺得呼吸困難。我們稱這樣的空氣叫做煙霧。」

駕駛員又拉了拉纜繩。一股熱烘烘的空氣灌進熱氣球裡，讓氣球又升高了一些。

在這期間，無線電一直發出嘎嘎聲響，透過無線電，駕駛員和地勤人員保持著通聯。之前幫熱氣球做好預備工作的工作小組，現在開著車從氣球的後方跟上來了。

風將熱氣球帶出了城市，現在正飄過田原、森林和大草原。

這段期間，安娜．瑪莉不停看到許多農舍和比較小的村莊。在一些農舍的旁邊矗立著白色鐵製的風車，慢慢的在風中轉動。從上面看來，一切都非常安詳。「好巨大的現代化建築。」安娜．瑪莉這樣想著。

突然之間，尼邁耶爾先生拉了另外一條安娜．瑪莉到目前為止都還沒注意到的纜繩。

在熱氣球的頂端部分出現了一些洞口。

「氣球的上面有一些洞，這樣不會有問題嗎？」安娜．瑪莉的媽媽用微微擔心的語氣問道。

駕駛員笑著說：「不用擔心，這是我故意弄的。藉著這些洞口，我可以控制排放的空氣，這樣一來我們才不會升得太高。可惜我們的旅程快要結束了，我們必須幫氣球找個適合的降落點。那邊有個我以前降落過一次的草原。現在，看看能不能趕得上。熱氣球沒有像飛機或是直升機那樣有一堆操縱按鈕，另外我們還得應付地形。」

藉著一面放掉空氣，另一面又重新鼓滿風，駕駛員靈活的操縱著熱氣球。不用多久的時間他們真的抵達大草原了。工作小組已經等在草原周圍，駕駛員透過無線電，告知這些小組人員他的飛行路線。熱氣球下降是這樣的輕柔，安娜．瑪莉幾乎沒有察覺它是怎麼又回到地面的。最後一次晃動後，熱氣球終於降落在草地上，而這四位乘客的腳下總算又有穩穩的地面了。

我們如何利用風力？

自從十幾世紀開始，人類就懂得利用風的力量，來完成勞累的工作或是讓自己移動。帆船將風用帆布攔截起來，因此不需要電動馬達也能前進。許久以前的人們利用風車將穀物磨成麵粉。

這幾年來，人們也使用風的力量來產生電力：在高地經常可以見到風力發電機矗立著，通常會有許多個相連在一起。它們看起來就像大型的飛機螺旋槳。只要風吹來，風力發電機便製造出電力，幾乎沒有噪音，也不排放廢氣。

作為熱氣球之旅的結尾，所有的同行者現在還得經由機長進行一次「洗禮」。

大人們拿到的是一杯香檳，而安娜．瑪莉則是一杯柳橙汁。尼邁耶爾先生清了清喉嚨，開始一段小演講：「親愛的夫妻倆，還有妳，親愛的安娜．瑪莉受洗成為正式的熱氣球飛行員。你們是非常可愛的乘客，不論任何時間，歡迎再次一同飛行。」工作小組的其中一人，隆重的遞上一張證書給安娜．瑪莉和她的父母親。

安娜．瑪莉仍然因為這趟熱氣球之旅而興奮個不停。「人是這麼小，天空卻是這麼的大。」

她喊著，並向機長還有他的助手們道謝，感謝他們帶領她體驗這趟棒極了的冒險奇遇。

「我要把證書掛在家裡的牆上。還有，我長大以後，也要當一個熱氣球駕駛員。」她發下豪願。

空氣是由什麼組成的？

大氣層的空氣是一種混合氣體，這種混合氣體是由許多種不同的氣體聚集而成的。這些氣體微粒是這麼的小，以致於我們根本看不見它們。

- 空氣的主要成分是氮氣。

- 更重要的卻是氧氣。氧氣對我們而言是攸關生命的，因為呼吸時需要它。樹木和植物會將空氣裡另外一種氣體，也就是二氧化碳，透過一種複雜的過程，在它們的葉片裡轉變成氧氣。如果沒有這個我們稱之為光合作用的轉化過程，人類和動物都將沒辦法活著。因為我們需要氧氣來呼吸，然後，在呼氣時吐出二氧化碳。

- 二氧化碳也是組成空氣的一個部分，不僅僅在人類和動物的呼吸中可以發現，只要任何地方有火在燒，那也一定會形成二氧化碳。

臭氧和二氧化碳是另外兩個在大氣層中很重要的氣體。如果在夏天和冬天裡，因為汽車和工廠排放太多有害氣體進入空氣，而讓空氣真的變得很糟時，人們就稱這個叫做煙霧。其中臭氧和二氧化碳就是煙霧的組成成分之一。

為了維持空氣清淨，我們可以做什麼？

每一個人都可以為減少空氣汙染做一點什麼，這裡只詳列出幾個建議。如果你們自己稍微想一想，就一定能想到更多能做的事情，來減少空氣汙染。

- 為了買東西，許多家庭經常不假思索就開著車出門，就算走到麵包店只有五分鐘路程而已。請和你的爸爸媽媽一起想一想，你們是否能夠戒掉這種習慣。或許你們可以一起騎腳踏車去購物，或是將它當做一次輕鬆的散步。

- 如果父母親開車帶你去看足球賽或是上音樂課，那當然很舒適。但是請你建議他們，有時以坐公車或是搭火車來代替開車吧。

- 你知道車子開得特別快時，也會產生特別多的廢氣嗎？當你們計畫開車做一趟較遠的旅行時，拜託你的爸爸媽媽，不要在高速公路上超速飛馳。

暖氣也會產生有害廢氣，這些廢氣會經由煙囪排放到空氣裡。和你的家人談一談，如何避免讓家裡的暖氣一直處在全力運轉的情況下。有的時候，只要簡單的再加上一件厚毛衣就足夠了。這樣省下來的錢，或許能夠讓你們再多一次家庭旅遊呢！

請注意，不要讓房間的暖氣整天都開著，而窗戶卻還傾斜[5]敞開。比較環保的做法是，早晚將窗戶打開幾分鐘，讓空氣流通，同時將暖氣關上。

人們經常在晚上的時候還讓所有房間的燈都亮著，其實那些房間裡根本沒有人在。如果你們在離開房間後，馬上把燈關掉，就可以省下許多電

5 德國密閉式窗戶的特別設計，窗戶兩扇玻璃一扇較寬，一扇較窄。窄扇的窗戶可變成直立開啟；上方往內傾斜約四十五度，使空氣既可流通，又不需開全扇窗。

力。政府就不需要蓋新發電廠，而你們也因此貢獻了一份心力。

✺ 檢查一下，你們的電燈裡是否還亮著一般燈泡。如果是的話，可以和父母親討論看看，是否替換成省電燈泡會好一些。因為省電燈泡所消耗的電力明顯少很多。

✺ 就算電源已經關掉，家裡的許多電器還是會耗電。這是因為有所謂的「待機裝置」。而插座上的電源開關，能夠讓你們將音響設備或是錄放影機「真正的關掉」。

水——

生命的泉源與自然的力量

雷娜覺得不公平：從旱災變成水災

又一個炎熱、乾燥的白天過去了。雷娜和兩個哥哥——尼爾斯和克里斯多福，坐在自家廚房裡玩著「卡坦島拓荒者」[6]，這是兩兄弟最近教她玩的。

「以妳才九歲大而言，就已經這麼會玩了，我當初真不該把所有的遊戲技巧都透露給妳。」已經十七歲的尼爾斯開玩笑的這麼說著。在家門前，有一個人踏上了門前的腳墊。這是雷娜的父親，他滿臉愁容的走進了廚房。

「如果不馬上下些雨的話，我

6 德國有名的桌上紙牌遊戲系列。

們就不需要再去收割大麥了，」他抱怨著，「麥子會因為旱災而在農田上乾死。」

雷娜的父母在經營農場。尼爾斯和克里斯多福會幫忙收割，而且甚至已經可以開曳引機。在學校放假期間，他們也要照顧農場的二十頭乳牛。

每天一大清早，他們便起床去擠牛奶。雷娜只要一醒來，就穿著睡衣跑到牧牛場的圍欄旁，在那台黃色的送牛奶車上等待著，這一切她都好喜歡。每當賣牛奶的商人，科諾波先生，在裝載一瓶一瓶

水：生命的萬靈藥

所有的人類、動物和植物都需要水才能生存。沒有水，動物和人類就會渴死，植物就會乾枯。地球上大多數的水都儲存在海洋裡。這些海水是鹹的，不適合當做飲用水。在歐洲幾乎各處都有足夠的水。但在世界上其他地區，卻有許多人生活在沒有足夠且乾淨飲用水的地方。為了不渴死，他們喝來自小水窪或是水池裡骯髒的水。許多人因此生病，甚至死亡。

牛奶時，雷娜都會幫他把貨車的門拉開，這使得他非常開心。

「在農場上總還會有事情可以做。」雷娜的爸爸，艾柏林先生，偶爾嘆氣這樣說著。農耕是他主要的工作，在這些田野上，他開墾了許多不同的作物區。

水，是艾柏林一家重要的話題。自從雷娜可以思考開始，她的父母親便在擔心，氣候以後會變成

什麼樣：雨會不會下太少？或是雨會不會下太多？太陽的照射充不充足？或是陽光會不會變得太強？——所有的這些都會影響到農作物的收成。而雷娜的父母親每年的收入多寡，完全仰賴他們的收穫結果好或是不好。

如果作物播種之後，雨水不夠的話，那種籽就不能發芽。如果雨太多的話，就會把種籽從田園裡沖走。假使不幸碰到暴風雨，太強的風雨會把植物折斷。在收成之前要擔心這麼多事，因此雷娜的父親非常注意天氣。

在農場上，他安裝了許多不同的測量儀器，像是溫度計、氣壓計還有雨量計等，來幫助他判斷天氣。除此之外，也每天收聽廣播裡的氣象預報。當然，還有那些所謂的農家諺語，也可協助他預測天氣。就是因為這樣，有時他甚至比天氣預報還要更準確。

這個夏季完全不合艾柏林先生的意。今年一開始是太濕，然後春天稍晚的時候又降下夜霜，因此許多未成熟的作物凍死了。現在是盛夏時節，但是兩個禮拜以來，已經沒再下過雨，所有的東西都被烤乾了。雷娜坐在乾草捆成的大球上，摸著米娜，牠是一隻有著灰色虎斑紋的貓。她的朋友莉莉從大老遠就可以認出她來。莉莉從隔壁農莊騎著滑板車過來時，因為地面相當乾燥的關係，後面揚起一團很大的飛塵。「嗨，艾柏林先生，你的樣子看起來像是要下三天的雨。」她開心的向雷娜的父親打招呼。

「要是真的能下雨就好囉，」艾柏林先生嘆著氣，「一場美好的、持續的連綿陰雨，正是我們急切需要的。」

「爸爸，沒有哪條農家諺語是保證明天會下雨的嗎？」雷娜這樣問道，並且希望能夠稍微讓他的父親高興一點。

「不，雷娜，天氣可能還要再晴朗個一天，就像前兩個禮拜那樣。要到後天才會下雨吧。」

「如果是這樣的話，就太棒了，不是嗎？」

「對，我的小寶貝，其實已經很棒了。但是如果來的又是一陣暴雨，又閃電又狂風的，那就會打壞田地上所有的大麥，也就沒什麼好處了。」

「先去吃飯，反正我們也不能改變天氣。」雷娜的媽媽以安慰的語氣插入大家的談話。

艾柏林先生繼續喃喃自語著：「就算我們有最先進的氣象儀器，也沒辦法改變天氣。媽媽說得有道理，不管天氣是什麼樣子，我們都得接受。」

晚餐之後，艾柏林先生看來比較放鬆了。小孩子們帶來的歡樂，轉移了他的注意力。「我再出去一會兒，看看田地變得怎麼樣了。莉莉和雷娜，妳們要一起來嗎？」

「當然！」小女孩們興奮的大喊著，「我們要一起去。」

「得快點走，」雷娜想著，「在媽媽發覺現在已經是上床睡覺的時間之前。」

當他們開進田間小路時，已經是黃昏了。天空沉入一種紫紅色的晚霞裡，在他們頭頂的上方，有一些燕子圍繞他們啾啾叫著。

「妳們看到燕子了嗎？牠們的飛行高度是依天氣來改變的：如果牠們飛的比較低，人們就可以知道，再過幾個小時將會下雨。這是因為牠們的食物，也就是那些小小的蚊子和蒼蠅，在濕度較高的時候，牠們會盤旋在比較接近地面的地方。這些都是我們的祖先早就知道的常識，」雷娜的爸爸繼續說著，「豐富的經驗，再加上對大自然準確的觀察，我們就可以預測接下來幾個小時的天氣。」

「喔……」艾柏林先生突然沮喪的哀叫著，「這可比昨天看起來還糟糕。」

雷娜和莉莉聽得入神，以致於完全沒留神路上的情況，差點就摔入一整片麥田裡。雷娜仔細的觀

如果富饒的土地成了沙漠？

不是世界上每一個地方都像歐洲中部一樣規律的降雨。例如，非洲有的時候是一整個月都不下雨的。在田裡的作物最後都會乾死，連人類都沒有東西可以吃。然後在報紙上，我們就會看到嚴重的旱災報導。

長久下來，就算是富饒的土地都可能變成一大片荒蕪的草地。要是雨下得太少，而牧場又被過多的動物踩踏、啃食的話，土地就會變得很乾，幾乎沒有植物能夠在上面生長。剛開始，這片地只是變成一片貧瘠的草原，之後，甚至可能變成沙漠。如果人類不適時協助、灌溉土地，植物在這片土地上不再欣欣向榮，那麼，原來生活在這裡的人類，就必須遷移了。

察田地時，不禁嚥了嚥口水：

呈現黏土狀的土地上，已經有幾處出現了裂痕，地面看起來就好像剛剛發生過地震一樣。只不過這些裂痕不是因為地震造成的，而是乾旱。農作

地下水：飲用水的來源

下雨時，水會慢慢的滲到地表裡。這個時候，它會透過許多由沙子和石頭所組成的不同地層（像濾水器一樣），過濾得很乾淨。好幾公尺之後，通常會有一個不透水層。在這裡所有的水會聚集起來，成為所謂的地下水，也是一種地下湖。通常我們抽取這樣的水資源當做飲用水，自來水工廠則以鑿井的方式來取得地下水。

如果自來水工廠、許多農夫，甚至還有工業大廠都同時抽取地下水的話，那地下水水位就會下降。假使要透過降雨來再一次填滿，可是要花很長很長時間的。

有的時候我們的自來水也來自於河水。但是河水通常要先花費很多道手續淨化過，才能提供給人們使用。

物們已經奄奄一息的垂著頭了。

「妳們看，這些大麥真的非常迫切需要雨水。要不然它們就會乾死，不然也會生病。」雷娜的爸爸氣餒的訴說著。

「我們可以用花園的水管來灌溉它們啊。」雷娜提出建議。

「人工灌溉也是一種解決方法，」她的爸爸解釋道，「但是用花園的水管來替這麼廣大的一片田地澆水，實在太過累人了。那妳們必須要排個夜班，才能把它澆完呢。最好是能放個大灑水器在這裡。」

「可是我爸爸說，再過不了多久，我們也沒有水可以用了耶。」這時莉莉提出警告。

「可能沒有這麼嚴重，」艾柏林先生安撫著莉莉，「但是事實上，我們的確該節省一點用水。因為所有的農夫都用幫浦去探撈地下水的關係，地下水的水平面已經下降非常多了。要再把地下水填滿，得花很久的時間呢。就因為這樣，我們更期待降雨了。」

「未來我們不僅要更節約用水，更要小心用水，」雷娜的爸爸繼續說著，「大部分的農夫為了保護他們的作物，會使用一些特別的東西，例如：

肥料和殺蟲劑。肥料可以促進農作物生長，殺蟲劑可以對抗有害農作物的昆蟲，例如：甲蟲或是蝨子。這些藥物不只會殘留在作物上面，也會和雨水

什麼是有機栽培？

你一定在超級市場看過上面印有「BIO」字樣的食品，這代表它是從有機農場來的。通常農夫會噴灑農藥，也就是所謂的殺蟲劑，來保護農作物不受有害的昆蟲、爬蟲以及疾病危害。除此之外，農夫也會使用不同的肥料，好讓農作物長得比較高大，或者是讓果實看起來更漂亮、更多汁。

相反的，在有機農場裡的農夫相當致力於減少大自然的負擔。例如，他們會使用吃害蟲的蟲類，來代替農藥。沒有使用農藥和人工肥料的有機蘋果，比較不那麼碩大，甚至會有一些斑點。但是大多數的時候，有機的食物嘗起來好吃很多。最重要的是，沒有使用農藥的食物相對健康許多！

一塊兒滲透到地表裡去，並且直達到地下水裡或者是河水裡。動物和植物都會因此而中毒，我們自己的飲用水也會被汙染，然後還因此必須先花費很多錢來淨化水質，好讓我們可以喝這些水。讓人們停止這些荒唐的舉動，並且改用比較愛護環境的栽培方式，是相當重要的。」

雷娜點著頭，「原來如此，爸爸和媽媽在幾年前才轉型成有機農業。」她這樣想著。

談話之間，太陽幾乎要下山了。莉莉和他們道別並且騎著滑板車回家去，雷娜和爸爸也打道回府。電視裡正播放著晚間新聞，主播在報導非洲的水災。連續一整天的大雨已經將當地的村莊沖走了，而且毀壞了所有的農作物。這一天從天上降下來的水，就和一整年的降雨量一樣多。

「就跟一場大洪水一樣。」雷娜不自禁打了個冷顫。電視上只看到絕望的人們坐在屋頂上，等待著救援。洪水已經暴漲到屋頂的高度。「水一旦退走，房屋一定會垮掉吧。這樣一來，這些本來居住在那裡的家庭，頭上就不再有屋頂了，」雷娜越想越難過，「但是在這一刻，如果他們可以被救走就好了。」

現在，一台直升機出現在畫面上，用一條繩梯將所有的人都救了上來。

「雨下太少很糟糕，但是下太多也不好。」雷娜這樣想著。

隔天，太陽還是從早到晚都非常的大。廣播裡的主持人滿口談論著棒極了的夏日氣候。

「如果是要去游泳池的話，這種天氣當然是棒呆了，但是現在農作物都因缺水而奄奄一息了。」雷娜憂心忡忡的想著。

傍晚的時候，雷娜的爸爸回到家，滿臉的笑

容：「小朋友們，我請你們去吃冰淇淋——慶祝明天終於要下雨了！希望在大麥乾死之前，雨還來得及滋潤它們。」

一點也沒有錯。隔天一早，天空已經開始灰濛濛的：雲把天空遮了起來，太陽光幾乎沒有辦法穿透雲層。終於，午後開始下起雨來。剛開始的時候只是微微的幾滴，落在乾得發慌的土地上。接著便無間斷的連續下了好幾個小時。當然，現在那位廣播裡的主持人可難過了，因為大家不能到露天泳池去了。但是雷娜一家人非常的快樂，因為農作物得救了。

水循環

地球上的水，處在一個永久的循環之中：海洋裡和湖裡的水會被太陽蒸發掉，並且變成看不見的水蒸氣，升到空氣中。在很高很高的天空裡，空氣會比較冷，水蒸氣因此凝結在一起，然後變成可以看得見的雲。小小的水滴會在雲朵裡面互相抱緊，形成雨滴。當雨滴變得夠大、夠重的時候，就會變成雨水掉落到地面上，並且滲透入土裡。這些水聚集成為地下水，好多年以後會再浮上地表來。

你必須想一想：今天你用來沖澡的水，好久以前一定曾經從河川流入海洋過。然後在海洋被蒸發，變成雲朵裡的水滴。在這中間，它還可能被大象喝到肚子裡過，或是被大樹的根從土壤裡吸上來過。現在，它才從你的蓮蓬頭裡流了出來。之後這些水還可能會發生什麼事呢？沒人知道。唯一可以確定的是：它會在永遠的水循環裡不斷的重覆！

我們能做些什麼：節約用水以及保持水源乾淨

其實，你知道嗎？我們每天使用的水量，有三分之一是用來沖馬桶。所以你應該試著說服你的爸爸媽媽，幫你們家的馬桶裝個省水閥。

要把浴缸盛滿，需要花費將近兩百公升的水。所以，淋浴比泡澡環保很多哦。

許多人總還是認為，用手洗碗比較環保。這完全是誤解：洗碗機所需要的水，比用手洗少非常多！堅持要用手洗碗的人，必須注意，不要讓水龍頭的水不停的流。

沒有關好的水龍頭非常浪費水資源：一個滴著水的水龍頭，一天可以損失掉二十公升的水。這幾乎是兩桶滿滿的水那麼多！請你的爸爸或是媽媽，把水龍頭修一下吧。

✹ 就連刷牙的時候也可以省水哦：不要讓水龍頭在刷牙的同時也一直開著，只要在漱口時把漱口杯裝滿水就好了。如果你可以暗示父母親和家人們也這麼做的話……對環保一定更有利。

✹ 清潔劑和洗碗精都會汙染水源。因此，這兩種洗滌劑應該儘可能有機化，並且減少在做家事中使用。

當大自然瘋了

下雨、冰雹還有淹水：保羅經歷了一場大雷雨

今天是個陽光普照的絢麗夏日。保羅在庭院裡騎著他的新腳踏車做障礙練習。他用寶特瓶搭了一個競賽道。在環繞過最後一個瓶子的時候，他做了一個緊急轉彎，然後甩尾。「啊哈！創紀錄！」保羅扯著嗓子大叫，好像他剛衝過終點線一樣。他的小妹妹琳恩，一點也不受影響。她正在沙堆裡，忙著用小鏟子挖沙子，把她的布偶一個接著一個的藏到沙子裡去。

保羅等會兒要去找他的朋友亞歷山大。亞歷山大住在山谷下方，他家旁邊有一條小河，那是保羅和亞歷山大最愛的遊樂場所。如果他們兩個要單獨行動，就會在小河那裡碰面。他們在那裡玩過好幾次刺激的探險遊戲。保羅正在回想，去年他們倆是怎樣用幾塊木板蓋了海盜基地。基地一直還在那裡呢。

「呼，其實天氣好像有點熱過頭了。」保羅突然這樣覺得。他用手擦了擦額頭的汗。因為做腳踏車障礙練習的關係，他已經全身是汗了。連小毛頭都粗野的往草地上一躺，舌頭伸得長長的掛在嘴巴外面，疲累的喘著氣。

小毛頭是梅林家的狗，保羅的父母親在去年把牠從動物收容所領了出來，那時候的小毛頭還是隻幼犬。今天的天氣幾乎悶得讓人喘不過氣，而且潮

溼的好像是麥斯先生家的溫室一樣。麥斯先生的家蓋在他們隔壁的那塊草地旁，每次只要保羅的足球踢到那裡去，他總是要發一頓牢騷。

「奇怪，」保羅驚訝的說，「太陽完全不見了。」天空裡積起了厚厚的雲層，就好像一層面紗一樣。

而且在遠方還有更多更大的雲，雲的下端整個變成烏黑色，上面卻是白色的。「看起來跟一朵超大花椰菜一樣，」保羅這樣想著，「好奇怪哦，空氣裡那個低沉的轟隆隆聲是什麼？」特別奇怪的是，那聲響感覺起來不像在附近。現在小毛頭的頭也抬得老高，用牠靈敏的狗鼻子嗅著，耳朵也豎了起來。

保羅的媽媽，也就是梅林太太，從露台那兒大喊著：「保羅、琳恩，快點進來。剛剛氣象台宣布暴風雨警報。可能會打雷、大風、大雨，甚至下冰雹呢！」

「對我而言沒關係啦，」保羅回頭喊道，「我的腳踏車騎得比閃電還要快，我才不怕呢。而且，我等一下還要去亞歷山大那裡咧。」

他的媽媽在欄杆邊笑彎了腰：「如果大雷雨來了，你的腳踏車才救不了你呢。你確實不應該害怕，但還是要注意安全啊。在大雷雨開始之前，快進來吧！打雷的時候最好不要待在空曠的地方，你應該找個遮蔽物，例如：密閉的空間或是車子裡。」

「那去找亞歷山大的事要怎麼辦？」

「這個我們就得延期囉。可能稍晚又不下雨了，那我們就可以一起騎車過去。」

「好啊，我等一下就進去。」保羅答應了他的媽媽。

「我就待在花園而已，等雨一滴下來我就進去。」梅林家的房子坐落在一個小山丘上。從這個方向看過去，可以清楚望見，雷雨剛剛要開始。保羅仔細的觀察著，低沉厚重的烏雲是如何從西南方慢慢靠近。保羅的外公總是說：「那裡是天氣最糟的地方，壞天氣都從那兒來！」在西南方的低處，雲層現在真的非常烏黑。雲層高處的地方看起來好像裝上了流蘇一樣，一縷縷的。現在保羅也注意到了，在雲層的底端不時閃著亮光。幾秒鐘過後，就聽到一聲雷響了。轟隆隆的聲音越來越近，也越來越大聲。

第一聲雷響的時候，琳恩被嚇得將鏟子丟在地上，跑進房子裡。小毛頭則歪七扭八的跑著，跟著琳恩一起衝進去。站在露台門前的媽媽幾乎來不及給這兩個小傢伙整理出位子來，他們就已經在沙發後面躲好了。

「為什麼當大雷雨來的時候，會先有這麼亮的閃電，然後又有這麼大聲的響雷呢？」保羅好奇的想著，並且打算等會兒去問問他的父母親。烏黑的雲層很快的壓了過來，一陣冷風掃過草地。劈哩啪啦，厚重的雨滴開始落在地面。

什麼是大雷雨？

大雷雨通常發生在夏季的午後，當天氣真的很熱又很悶濕時。因為夏季高溫的關係，在雷雨雲裡會形成強力的風，風會在雲朵裡將水滴和結冰粒子不斷的上下旋轉。同時產生一個電力磁場，這個電力磁場則會突然的以閃電的形式釋放電力。因為閃電的緣故，空氣會一下子變得非常熱。又因為這樣的加熱過程太過迅速，以致於空氣會像爆炸一樣的膨脹開來。這就是所謂的打雷，也就是我們在閃電之後沒多久就會聽到的聲音。

又開始閃電了，緊跟在後的還有打雷聲。「閃電和打雷是不是有什麼關係呢？」保羅不停的思考著。保羅漸漸覺得天氣變得令人越來越不舒服了，「我最好還是進屋子裡去，」他考慮著，「不然媽媽會擔心。」一邊也把腳踏車推進了停車棚。當他再走出來的時候，斗大的雨點嘩啦啦的打在他的T恤上面，他一口氣跑到露台前才停下來。

正好爸爸下班回來了。他撥去領帶上的水，鬆了一口氣的叫著：「呼，這可真是個好天氣啊。還好，我還來得及趕回來，廣播上還說會有什麼地域性的龍捲風呢！」

琳恩在沙發後面激動的尖叫著，就算她壓根兒也不知道什麼是龍捲風。她的手臂環繞著小毛頭，牠一邊嗚咽著，一邊試著要鑽到客廳的桌子底下去。

雖然現在才下午五點而已，外面已經一片漆黑。雨滴淅瀝嘩啦的打在玻璃窗戶上，而且稍隔一陣子黑暗的天空中就出現閃電。在閃電的一瞬間，院子裡顯得非常的光亮。保羅甚至可以看清楚，樹木和矮樹叢被強風吹彎的樣子。每次閃電之後，就伴隨著一聲非常大的雷響。

「真是不尋常。」保羅這樣想著。然後他緊緊

毀滅性的旋風：龍捲風

我們大多數是從電視上認識龍捲風的：這樣毀滅性的旋風主要生成在北美地區，在特別強烈的大雷雨之下才會形成。起因是暴風雨的同時，有一部分的雲會自己開始旋轉。從雲端上面會突然降下一個像大象鼻子的東西到地面上來，就好像一個巨大的吸塵器管子一樣。在這個「吸塵鼻」裡面的風非常的強而有力，甚至連車子都會被捲進去，房屋的屋頂也可能被掀開。這樣的龍捲風可以把整個區域都毀掉，還好在其他地區並不常見。

的依偎在爸爸身邊，問道：「是不是山谷下，亞歷山大他們家那裡也這麼大聲呀？」

「哦，那當然。」他的父親一面回答一面把保羅摟進懷裡。另一隻手則把琳恩也拉了過來。「不用害怕，孩子們。在房屋裡我們很安全的，我們前幾個禮拜才剛裝了避雷針。如果現在雷打下來，避雷針就會把電流引到地面下。」爸爸這樣安撫著兩個小朋友。

保羅回想起，前不久才有閃電擊中隔壁地區的農莊。因為閃電伴隨著熱能的關係，屋頂因此燃燒了起來。如果不是義勇消防隊很快就趕來的話，整個農莊就會被燒光光。

這段時間，外面看起來就好像是世界要毀滅了一樣。厚重的雨滴有一些已經變成了結晶冰體，劈哩啪啦的落在屋簷上。風則大聲的呼號並拍打在房屋外牆上。

「哇！下冰雹了！現在我種的花可都毀了。」保羅的媽媽叫道。

「希望我們的車子不會被冰雹打出凹洞來。」

保羅的爸爸擔心著。

琳恩害怕的全身發抖，並且爬到媽媽的膝蓋上。梅林太太試著安撫她：「在房子裡妳可以不用擔心打雷，我們不會發生任何事情。如果逞強的在外面東蹦西跳，那樣是相當危險的！」

雨似乎沒有要停的樣子。街道上已經形成許多小小的河，順著斜坡往下流去。水遇到低窪的地方便匯集成一個大水坑。

冰雹終於慢慢的停止了。閃電越來越少、雨也停了，最後天空甚至放晴。保羅和爸爸一起走到外面，查看花園是不是有什麼地方損壞了。他的爸爸如釋重負的吁了一口氣：「這場冰雹雖然把花都打得亂七八糟，但是它們一定會再茂盛起來。還好，我們的車子沒有被打壞，這樣算是幸運的又逃過一劫啦！」

保羅望著往山谷去的街道。「那邊到底是怎麼一回事？」他嚇到了，「為什麼有那麼多人聚在亞歷山大他們家的前面？」

「爸，你看那邊，亞歷山大和他的父母親那裡看起來發生事情了！」

「一起來，我們去看看，有沒有什麼能幫忙的。」保羅的爸爸打定主意拉著他，讓他跟在後面走。

保羅聽到遠處傳來警鈴聲。沒一會兒就有一台消防車從他們身旁呼嘯而過，往斜坡開下去，並且停在亞歷山大的家前面。保羅和他的爸爸邁大步伐跟著消防車。保羅看著通常靜謐的在房屋後頭流著的小溪。以前亞歷山大和他常會從海盜基地扔石頭到河岸的另一頭。但是現在不可能再這樣玩了：小溪已經暴漲成一條湍急的大河，河面快漲過了河岸。河水夾帶了許多大型樹枝、垃圾和其他的廢棄物，這些東西全都堆積在橋的下面。

大量的泥水再也無法好好的宣洩，於是在橋的前面就形成了一個有模有樣的小水庫。保羅再也認不出他的祕密遊樂場和海盜基地在哪裡。

這些骯髒的泥水一直淹到亞歷山大家的門口。很明顯的已經有很多水流到走廊和地下室去了。保羅看到站在二樓窗戶邊的亞歷山大，於是向他揮揮手。亞歷山大也向他揮手打了招呼，然後他的頭就消失在窗簾後面了。消防隊員從他們的車子裡抱出水管，連接上一個大抽水機，接著開始把地下室裡的咖啡色汙水抽出來。這些被抽出來的髒水，又從另一個水管噴出來，以一道拱形再注入河裡。其中的三個男消防隊員，則試著將河道裡那些聚集在橋前面的大樹枝移開，好讓河水能夠順流而下。

颶風是怎麼形成的？

颶風是強勁的熱帶氣旋，暴風直徑可超過一千公里。這樣的暴風雨有著巨大的、白色的螺旋狀雲層，在這個螺旋狀雲層的中心會有一個沒有雲的「颶風眼」。颶風眼的地方會異常的風平浪靜，但是周圍的風則以破壞性的高速旋轉著：這樣的螺旋狀雲層可以把房屋屋頂吹走，還可以把樹木像火柴棒一樣折彎。人們經常也會遭受損害。

颶風形成於海面上——在這樣的海域，海水非常的溫暖，以致於水面上的空氣會因為溫差變化而形成強風。颶風還有很多其他的名字，例如：颱風、熱帶氣旋。在澳洲，人們則稱呼這樣的陣風叫威利威利[7]。歐洲沒有這種螺旋狀雲層。

7 原文：Willy Willies。

一些鄰近的老居民則站在辛苦工作的消防隊員旁邊圍觀，紛紛議論著。「希望我們家的地下室不會也淹水了，」其中一個老人擔心的說道，「我們這裡已經很久沒見到這樣子的暴風雨了。」

「以前根本沒有這樣惡劣的暴風雨。這一切都是因為氣候變遷！」

一個氣憤的年輕人加入了談話。「這些災難，新聞裡報導的那些……颶風、暴風……我跟你們說，以前根本沒有這些東西！」

「算了吧，氣候變遷不過是另外一個用來禁止我們開車的藉口而已。根本沒有東西可以證明氣候變遷。」一個戴著金邊眼鏡、動作緩慢的胖男人大聲的反駁他的說法。

「這個人對氣候變遷一點也不懂呢。」保羅心裡生氣的想著，他幾乎就要說些什麼來反駁他，這時，亞歷山大出現在房屋門口，雙腳穿著橡膠雨鞋。

「嗨，保羅！我們今天不能玩耍了。整個地下室和走廊都淹滿了水，我要幫爸爸和媽媽整理還有清潔環境。」

現在亞歷山大的爸爸也走到門口前面。他穿著橡膠做的釣魚褲，褲子的高度直到屁股。「哈囉，你們兩位。這真是個大災難！要住在河邊，就得忍受這種意外。」

「有什麼事情是我們可以幫忙的嗎？」保羅的爸爸詢問著。

「真謝謝你，消防隊的小伙子們已經接手全部的工作了，但是之後我們還要拖地、擦地、弄

乾……如果你們有時間的話，我給你們幾個水桶和抹布吧。你們在上面都安全嗎？」

「是啊，好險。只有花園裡的一些花和幾棵樹被打個正著。來吧，我們開始動手清理。」保羅的爸爸喊了一下，並且把襯衫的袖子高高捲起。

消防隊員很快就把大部分的水都抽乾淨，兩位爸爸和亞歷山大的媽媽也揮著掃把和抹布打掃著。保羅和亞歷山大看著消防人員把他們的工具打包好，然後開車離去。河川還是比以前高出許多，但是水位已經慢慢的降回去了。

兩個小時過後，所有的地方都差不多乾了。「還好水沒有淹到客廳裡面去。」保羅這樣想著。

亞歷山大的爸爸熱情洋溢的向幾位好幫手道謝：「真的非常謝謝你們幫忙。為了答謝你們，下個週末請過來吃頓飯。」

「雖然這不是必要的，但我還是不拒絕囉。我一向知道，你們的廚藝有多棒。」梅林先生看著他笑開了。保羅腦袋裡已經在想著那可口的小肉丸了，上次亞歷山大生日的時候就有那道菜。「到時一定有好多好吃的食物。」他開始快樂的想像著。

危險的冬季狂風：暴風

歐洲雖然沒有颶風，但是在冬天會登場的狂風——暴風，也可能具有一樣的毀滅性。暴風也和颶風一樣形成於海面上，然後同樣會以令人驚訝的風力掃過整個地區。暴風的風速就和在高速公路上奔馳的轎車一樣快，而且大量的豪雨總是會給我們帶來災害。暴風來時河水會漲過河岸，狂風會把屋瓦從屋頂上掀下來，還會把樹木和鷹架吹得東倒西歪。

然後保羅和爸爸就回家了。在回家的路上他們倆才看到，隔壁鄰居家的前院，那棵漂亮的老菩提樹，厚大的樹枝被折斷了。還好樹枝是掉落在房屋前的草地上，旁邊還躺著一些被狂風從屋頂上掃下來的磚瓦。

傍晚的時候，全家人正一起看地區性新聞。保羅和琳恩因此被特許可以晚一點上床睡覺。小毛頭已經躺在走廊上的小竹籃裡面，因為一整天的混亂而在休息了。新聞主播現在正在報導這場嚴重的暴風雨。狂風襲擊了整個區域，但是還好嚴重的雷雨只有造成財物上的損失，沒有人員受傷。許多人家的地下室都淹滿了水，強風把許多戶人家的屋頂吹壞了，街道上處處可見被拋落的磚瓦。幾株大樹甚至被連根拔起。

「看！」保羅從沙發上跳了起來。在畫面上可以看到他們的橋在湍急的河流上。然後背景畫面就是亞歷山大他家的房屋！「不知道亞歷山大剛剛是不是也有在看新聞？」他想著，「不論如何，明天早上去學校一定有很多可以說的話題，還有我們的海盜基地大概也要重蓋了。」

遇到大雷雨應該怎麼辦？

✹ 當雷雨來臨時，待在現代的房子裡就可以得到妥善保護，因為大部分的房子在屋頂上都裝有避雷針。那是一種相當厚硬的金屬線，可以把閃電的電力引導到地面上。電視、電話還有電腦，在雷雨來時都應該要先關掉。

✹ 待在車子裡的安全更是無虞：有位法拉第先生在好久好久以前發現了，只要人們坐在一個金屬籠子裡，那電流就完全沒辦法傷害人——而車子，也算是一種金屬籠子哦。

✹ 雖然人們坐在車子裡非常的安全，但是在強烈的雷雨、豪雨或甚至是下冰雹的時候，不應該繼續行駛。因為這時的視線很差，我們最好是將車子停下來，然後等待雷雨停止。

✹ 下雷雨的時候也不應該騎腳踏車、用手機打電話或是跑到湖裡游泳。這些行為都太過於危險了。

如果是在空曠的地方驚遇雷雨的話，千萬不要站立於樹下。有一句古老的諺語說，在打雷的時候應該「尋找山毛櫸」才是上策，這完全是胡說八道。高大的樹木或是高塔更容易將閃電吸引過來！若是附近沒有遮蔽物的話，就找找空曠草原上最深的坑洞。蹲在洞裡，將兩腳儘可能的併攏，並將自己蜷縮起來。千萬不要平躺在草原上：否則萬一附近被閃電擊中，電流會因此而貫穿你的身體！

海洋有危險了

楊基和勞菈一起拯救他們的沙灘

「還好今天是禮拜六，」楊基鬆了一口氣的想著，「不用去學校。」他累得和狗一樣。如果可以，他很想馬上再躺回被窩裡去。昨晚一直在刮大風，整夜沒止息的搖晃著百葉窗。楊基則不停的被這聲音吵醒。他無精打采的啃著果醬吐司，他的父母親則熱烈的在聊天。

「經過昨天那樣的一晚，他們怎還能這麼有精神啊？」楊基覺得爸媽的活力很令人驚奇。

外頭的天空漸漸晴朗了起來。雖然風還是捲動著雲層，吹過整個平原，但已漸漸停止了，而且雨也不下了。楊基的家恰好在海邊。從他二樓的房間就可以看到海堤，那是用來保護城市內陸不受大水侵擾的。海堤的前方就是沙灘，沙灘連接的，便是遼闊、無邊無際的海洋。

楊基最愛高高的站在海堤上，往遠方望去：一直到地平線都還是只有海洋——當然還有一些盤旋著的海鷗，還有好多的船。帆船、大一點的近海漁船，還有巨大的貨輪，在它們的貨艙裡有幾百個貨櫃要載送。他的爸爸曾跟他解釋過，世界上的貨輪來來回回，從很遠的國度運送木材原料、布料，還有各式各樣的食物，例如香蕉或是鳳梨。

楊基把小圓麵包放到盤子裡，好讓自己大大的伸個懶腰、打個大呵欠。收音機裡正播報著新聞。就在這時候他突然想起來，上次的暴風過後，海灘上躺著許多被海水沖上來的漂亮貝殼。「媽媽、爸

地球：藍色的行星

地球從外太空看起來，和我們從「地面這裡」感覺起來是完全不同的。從月球那端——這是從太空人那兒知道的——它看起來像顆藍色的圓球。因此我們也稱呼地球為「藍色的行星」。它的顏色來自於遼闊的海洋，其覆蓋地球球體的絕大部分（約百分之七十），並在陽光之下泛著閃閃藍光。

爸，我們等一下去海灘上撿貝殼怎麼樣？」楊基趕在媽媽快速的用手遮住他打哈欠的大嘴之前，把這建議丟出來。

楊基剛剛還聽到另一則廣播報導：「……昨天傍晚的海上大浪使得一艘運輸船擱淺在沙洲上。經由船身破洞漏出的原油和重金屬油類目前無法估計。救難人員以及環保人員已經投入救災，並且試著控制海水和沙灘被汙染的程度。接下來，繼續關心體育競賽……」，女新聞播報員用甜美的嗓音報導著。

楊基的爸爸媽媽擔心的互相看著對方。楊基的媽媽先嘆了口氣：「我的天啊，我們美麗的海岸受石油汙染？」

爸爸搖著頭：「這對觀光業是一場大災難，對大自然而言，無疑也是一場浩劫。」

楊基曾經聽別人說過，原油外洩到海裡會導致很多鳥類和魚類死亡。他問道：「我們幫不上什麼忙嗎？」

爸爸聳了聳肩膀：「沒辦法，我的小朋友，對此我們幫不上什麼忙的。我們只能盼望，貨輪裡的油不要流太多出來。」

用完午餐後，楊基在房間玩耍。皮波，他們家的寵物狗，就躺在他的腳邊打著鼾。牠在睡夢中偶爾會叫個幾聲，然後抽動一下前腳。「皮波大概是夢到自己抓住小兔子吧。」楊基看著皮波微笑著。這時門鈴響了。從半開著的房間門，他聽到媽媽把大門打開。

「嗨，韓森太太，我沒打擾到您吧。」「這一定

是勞菈。」楊基這樣想著。勞菈是隔壁鄰居的女兒，已經十七歲，正就讀高中。

楊基最近才和媽媽在人行徒步區遇到她。那時她正在一個環境保護協會的攤位，幫海鷗救護站募款。楊基很喜歡勞菈，因為她總是看起來很愉快，而且非常關心動物。

「勞菈想幹嘛啊？」楊基很好奇。他一路乒乒乓乓的跑下樓，皮波也跟著衝下來。

「嗨！楊基。太好了，你也在這裡！」勞菈開心的打著招呼。

「我正想問你和爸媽，能不能幫忙我們呢？你們一定已經聽說了貨輪漏油的意外事故吧。環保團體現在要去岸邊，幫忙清理沙灘，還有把海鳥救上來。對於任何的援助，我們都非常的歡迎！」

「當然好！」楊基覺得這個點子棒呆了。

他的媽媽猶豫著。「我們在那裡，會不會打擾到救災工作呢？」

「不會，不會的，」勞菈請她放心，「船上的船員現在都已經被救上來了。但是要再過幾天才會派人來修理船，然後再拉回海上。」

「那我們就沒什麼好推拖的啦，」韓森太太下了決定，「沙灘本來就是屬於大家的，我們當然也要共同維護沙灘的整潔。」

「你們有橡膠雨鞋和手套嗎？」勞菈預先問道。「那些油油的泥汙黏答答的，很噁心，所以我們要保護好自己。如果需要的話，到那裡之前，消防隊員也會提供防護衣，那是用完之後就可以直接丟掉的。」

「我們這裡有雨鞋和手套喔，」楊基的媽媽確認好了，「我再把老公也一起叫來，然後我們就可以出發囉！」

韓森一家人跳上自己的腳踏車，便往海灘的方向出發了。皮波也一起跟來，畢竟每次全家去海灘散步的時候牠都跟在旁邊。幸好暴風已經停了。「但是逆風騎車還是非常的累人呀。」楊基氣喘吁吁的說。

沙灘上好熱鬧，本來只有夏天才會這樣的。許多年輕人穿著雨鞋，戴著手套聚集在一起，然後等著分派工作。大部分的人穿著白色的工作服。有一些人甚至從衣櫃裡翻出了他們的防水釣魚裝，好讓那些油膩黏滑的黑色油汙不會沾到自己。更遠一點的地方，楊基還看到了警察人員和消防人員。他們把鏟子、水桶，以及防護衣分發給義工們。報社的人也在這裡：有一組攝影人員正在採訪來幫忙的人；好幾個記者翻越過沙丘，拍了好幾張照片。

楊基望著海。「不知道是哪裡，但是今天看起來就是有點兒不一樣。」他思索著。海水拍打著沙灘，卻好像糖漿一樣。當太陽從烏雲後方探出來的時候，整個海水水面浮著又黑又亮黏膩膩的一層油汙。楊基不自禁的深深吞了吞口水。接著他仔細再看一次：整個沙灘布滿了黑色、黏答答的一塊塊、凝結成團的油。

「唉呦！」楊基大叫，「這樣子的海水，我才不要在裡面游泳呢。」

「不是不想要，而是不應該。這樣的海水對於人類和動物都是有毒的。」勞菈輕聲的說，從剛剛到現在，她都在旁邊伴隨著楊基和他的父母。

「妳該不會是說，直到今年夏天結束，我們都沒辦法在這裡玩水了？」楊基帶著慌張的眼神問勞菈。如果天氣夠暖的話，楊基總是喜歡和他的朋友們到海灘上玩。他們在海灘上踢足球，還試著互相把對方丟到水裡去。通常游泳被視為是超有膽量的表現，因為即使在炎炎夏日之下，海水還是冷得不得了呢！

「但是如果我們一起出力幫忙，那短時間之內，海灘就會看起來像還沒發生意外之前一樣了。」勞菈這樣解釋道，並再補充一句：「但願囉。」

「那現在罪魁禍首到底在哪？」韓森先生問道。

「那艘貨輪就停在沙洲外啊。沒人幫忙的話，它是沒辦法從那裡離開的。但是至少破洞已經被填起來，不會再有更多的油流出來了。」勞菈表示。

現在楊基也看到那艘船了：它看起來很無辜的樣子，輕輕的、歪歪斜斜的靠在沙洲上面，距離海岸大概幾百公尺遠。在它的前面有一艘消防隊的船正在迴轉。再仔細一看，好像是在拖什麼東西的樣

子。「你知道，那艘紅色小船的後頭拉著什麼東西嗎？」勞菈問道。「是一種特殊的吸油器。因為油比水還要輕，所以會漂浮在水平面上。幸好，用這個機器就可以把整片『油毯』相當輕鬆的吸乾淨。」勞菈向楊基解釋道。

楊基的父親急了起來：「我們到底要不要做點什麼有益的事啊？我現在就去拿鏟子和桶子，這樣才能把沙灘上和石頭上，那一大坨一大坨的油塊都挖起來集中好。」楊基和爸爸一起加入正在排隊的幫忙隊伍裡。沒多久，消防人員就把一個大桶子和一把鏟子塞到他們手裡。「等等，請您等一下。」當父子倆正轉頭要走的時候，消防員熱情的叫住他們。

「套上這件工作衣，才不會毀了你們的衣服。這些油汙像黑色的口香糖一樣，很黏的，我自己就試過。」

接著韓森一家就開始動手工作了。楊基的父母親輪流替換著。一會兒他的父親負責提著桶子，然後他的媽媽將骯髒的油塊鏟進桶子裡。沒一會兒他們又互相交換工作。直到桶子裝滿了被油弄髒的沙塊之後，兩人便一起把這桶「油貨」搬到消防人員準備在一旁的大型容器去。等一會兒，這些骯髒的東西就會被清理到一個特殊垃圾掩埋場。

同時，楊基在沙灘上到處閒晃，負責找其他更多被油汙染的地方。這一點也不難，因為整個沙灘上幾乎布滿了大大小小的油堆。但是楊基找到的不是只有油堆而已。在水裡還有沙灘上，到處躺著數

石油怎麼弄髒了海洋？

如果油槽破了洞，讓石油流到了海裡，那造成的汙染面積通常相當大。然後，海洋和海岸一般來說會有好長一段時間遭受毒害。這樣的意外常造成許多海中的植物、海鳥、海豹、魚類及其他海洋生物面臨生命威脅！

但是，就連日常生活中開採石油的方式，也可能對海裡面的生物造成危險。通常情況是這樣發生的，油船船長們未經許可，就用海水清洗油船，因此讓噁心的油汙沖到海水裡。還有鑽油平台，就是把石油從深深的海底抽出來的機器，也經常會破壞海底世界。

不清的塑膠袋、塑膠瓶和其他的垃圾。這些垃圾也會一起被鏟進桶子裡。「既然都看到了，」韓森先生說，「那就把普通垃圾也順便一起收進來吧。」

突然，楊基聽到了很大聲的狗吠聲。「那是皮波，」他向爸爸媽媽說道，「我去看看牠怎麼了。」從遠遠的地方，他看到皮波停在一團黑黑的東西面前喘著氣。「這是什麼噁心的東西，好大的一團石油汙泥！」楊基一看到這個物體時是這麼想著。接著，他認出了皮波找到的這團東西，原來是隻全身被油汙弄得髒兮兮的海鷗，牠被黏得完全沒辦法動彈。牠的嘴上纏繞著一條塑膠線，因此嘴巴也完全

海洋不是垃圾桶！

我們的海洋一定吞下了不少東西。許多的遊客總在海灘野餐完之後，不小心就將他們的垃圾留在原地。也有許多的海邊居民，將家中沒有過濾的汙水直接排放到海裡，就像許多排放有毒汙水的工廠一樣。

就算是陸地上的河流，它所夾帶的有毒物質，有一天也會注入到海洋裡面去。甚至有一些人堅信，海洋是巨型垃圾桶，垃圾在海底下可以被藏得好好的。但嚴重的是，像鯨魚或是海豚這一類海洋哺乳動物，如果牠們把這些垃圾吃下肚子，或是被這些垃圾纏住的話，可能會充滿痛苦的死去。

張不開了。「牠看起來好慘哦，可憐的東西。」楊基這麼覺得。他對那艘壞掉的貨輪，還有這些噁心透頂的石油深深的惱怒了起來。「媽媽！爸爸！你們快來！」

韓森夫婦和勞菈一塊兒趕了過來。「唉，」當勞菈看到楊基撿到的動物時，嘆了口氣說，「目前為止這已經是第十隻了，希望不會再有更多這樣的小可憐。」

楊基和父母親疑惑的看著她。「這些海鷗降落在海平面上，因為海看起來仍然相當平靜。這都是油汙的錯，是這些油汙把海洋變成黏答答的水漿！現在這些海鷗的羽毛上全部都是石油，還有水裡的魚群也都讓石油毒死。」

「真恐怖！」楊基的媽媽傷心的說道。

「是的，魚群我們是沒辦法救了。可惜的是，這些海鷗可能也活不了多久。還存活的海鷗，我們會把牠們集中帶到海鷗救護站。」

「在海鷗救護站裡，海鷗會怎麼樣呢？」楊基非常好奇的問著。

「那裡的人會先細心餵養這些可憐的小動物，然後讓牠們安靜休息個一兩天。你們可以想像一下，這些海鷗曾經很疑惑的試著，要讓自己從油汙裡掙脫，因此牠們也在掙扎時吞下了很多黏答答的油汙。很多海鳥是因為沒辦法承受這樣的壓力而死亡的。另外，從那邊正走過來的人是史密特先生，他是救護站的負責人。」勞菈指著一個拿著竹籃走近她的人。

「嗨，史密特先生，」勞菈跟他打著招呼，

「我們又多了一隻鳥傷患，這位是發現者。」勞菈指著楊基這麼說道。

史密特先生向韓森太太問候一聲，並且握了握楊基的手。然後他小心翼翼的把受到驚嚇的海鷗放到竹籃裡。「我們希望這隻海鷗能活下去，牠的情況看來不是太糟糕，」他向楊基解釋道，「這條討人厭的塑膠線救了牠，讓牠因此不能梳理自己羽毛，所以沒有吃下太多的油汙。」

楊基怯生生的對著他微笑。「之後這隻海鷗會怎麼樣呢？」

「這要感謝有許多像勞菈這樣的義工投入，我們將用一種清潔溶液來幫這些海鷗清洗。牠們的羽毛非常的敏感，所以不能夠用力的擦洗，因此我們將使用小小的兒童牙刷和棉花棒。然後再用水沖個幾次，接著用吹風機吹乾。接下來牠可以待在乾燥的箱子裡，好好的休息、消除疲勞。兩三個禮拜之後，我們就可以確定，牠的羽毛是不是恢復防水的能力了。如果牠看起來相當有精神，我們就會再將牠野放。」

「很可惜的是，很多海鷗並不能忍受留在人類

身邊，並且覺得沒有足夠的自由。在我們救護的過程中，有些海鷗會死亡。」勞菈難過的解釋道。

「她說得沒錯，」史密特先生也贊同勞菈，「究竟動物們可以在荒野中存活多久，直到目前為止，我們對此知道的仍不夠多。但是至少我們應該給每隻海鷗試試看的機會，我是這麼覺得。」

「他說得沒錯。」楊基這樣想，並且看了看史密特先生，他已經把海鷗搬上前往救護站的運輸車了。

「幸好在我們這一帶，這樣的油害以前還沒有發生過。」韓森先生插話說道。

「對啊，」勞菈也附和著，「通常我們都是忙

人類——海洋最大的掠食者

在自然界裡，動物以捕食比自己體型小的動物維生，是相當正常的。然後自己也會被體型比自己還大的動物吞掉，這就是所謂的食物鏈。

但是海洋最大的掠食者卻是人類。以前，漁夫只能使用小型網來捕捉一定數量的魚，但現在的漁夫使用各種不同的巨型網，將海裡的一切都打撈起來，漁獲多到甚至沒辦法立即保存起來。大型的漁船經常使用拖網，這種網子能將所有的魚一網打盡，所以整個海域的魚會被完全清空。有些魚類甚至因此面臨絕種的危機！

著處理過度捕撈的魚貨。或是簡單的日常環境汙染。」

「光是處理這些，應該就夠忙的了。」韓森太太這樣表示著。

黃昏了，楊基再次望向海灘：前半部看起來已經和漏油意外發生前幾乎一模一樣。鎮上的麵包店老闆娘，用車子為所有的義工載來一簍簍滿滿的小圓麵包，超市的老闆也贊助了啤酒和汽水給大家。很快的，勤奮的義工們紛紛把又濕又滑的手套脫掉，丟到垃圾桶裡，飢腸轆轆的用起餐來。在這樣辛勞的工作過後，每個人都非常開心有餐點可以享用。但是更值得開心的是，他們成功的合力阻擋了這個大災難，並且拯救了沙灘。

我們能做什麼來保護海洋？

就算你不住在海邊，還是可以和家人們為保護海洋一起盡一份心力哦：

有一些魚類因為過度捕撈而面臨滅絕的威脅，人們應該不要再吃了。如果你少吃一點豬肉、雞肉以及雞蛋，對海洋世界也會有幫助的。很驚訝嗎？很多魚類根本不會出現在我們的餐桌上，而是直接被做成魚粉來飼養豬、雞。因此，少吃一點肉，也可以幫助魚兒們哦！

任何人類排放、丟棄到河裡的東西，總有一天都會流到海裡。如果你能夠保持居家附近的河水潔淨，那麼你也幫了海洋一點忙哦。

如果你和家人一塊兒到海邊去遊玩，請留意，不要將任何垃圾留在海灘上。塑膠袋、寶特瓶還有其他包裝物，都會危害海洋和陸地上的動物。

森林——地球綠色的肺

漢娜和里昂到巴西旅遊

漢娜和她的弟弟里昂坐在飛機裡。飛機引擎傳來規律的嗡嗡聲，讓所有的乘客都沒辦法好好的睡一覺。漢娜轉頭看看爸爸媽媽，藍恩克夫婦坐在他們姐弟倆的後面一排，閉著眼睛休息著。

漢娜小聲的嘆了口氣，「也不能和爸爸媽媽玩。」她失望的抱怨著。滿懷期待的她望過去弟弟那邊。里昂已經整整三個小時坐在窗戶邊的位子上，一直看著窗外。「等一會兒就輪到我坐窗戶邊的位子了。」漢娜不耐的發著牢騷。

「對，對啊。」里昂心不在焉的喃喃自語著，他幾乎沒在聽姐姐到底說了些什麼。在他們下面很遠很遠的地方，他看見整片蔚藍的海洋，一望無際，都只有水！

藍恩克一家正在飛往瑪麗亞姑姑的七十五歲慶生會路上。她並不住在他們家附近的城市，而是在巴西！遠在南半球！不然的話，他們就可以開車或是坐火車去拜訪她……巴西離家遠得不得了，到那裡幾乎要花上一整天的時間。

「原來飛機也飛得這麼慢。」漢娜這樣想著。

她非常的興奮，終於可以認識瑪麗亞姑姑，還

有巴西的親戚們了。

其實，瑪麗亞姑姑算是漢娜和里昂的姑婆，也就是說，她是漢娜爸爸的姑姑。在四十年前就已經移民到巴西，並和當地的一個醫生結婚。後來老公過世了，但是她並不孤單，因為她的兒子卡羅斯和他的一家人就住在同一個城市裡：貝倫。貝倫位在巴西的北邊。因為巴西離德國真的好遠，所以漢娜和里昂到目前為止，都只有在爸爸媽媽生日，或是聖誕節的時候打電話給瑪麗亞姑婆，才能和遠在巴西的親戚講講電話。

漢娜問里昂：「我們要見到親戚了，你有沒有很緊張啊？」

里昂把頭轉過來：「當然啊，而且要怎麼見？他們究竟有多少個啊？」

漢娜開始一個一個數了起來：「我看看，有瑪麗亞姑婆的兒子，我們的叔叔卡羅斯。然後卡羅斯叔叔有兩個兒子，還有他的太太久安娜。他們那兩個兒子叫做安東尼奧和貝德羅。安東尼奧今年十九歲，正在上大學，貝德羅今年十五歲。」

里昂開始想：「這樣他們算是我們的表兄弟囉，是嗎？好奇怪，我們都還沒見過面呢！」

漢娜又重新坐回自己的位子。「我好興奮哦！」她呼了口氣，「到底我們什麼時候才會抵達呢？」突然她想到了麥策兒小姐，她的級任老師。她轉過頭去跟爸媽說：「你們知道嗎？麥策兒小姐有說過，如果大家都搭飛機去渡假的話，對氣候是一種很大的傷害！因為廢氣的關係。排放廢氣會讓氣候變遷得更嚴重。」

漢娜的爸爸打了個哈欠，並且揉了揉愛睏的雙眼：「麥策兒說得完全沒錯啊，但是瑪麗亞姑姑已經不再年輕了。而且，至少去巴西拜訪她一次，是我一直想要做的事。太多次的話，我們也負擔不起這樣的旅費。飛機這種交通工具雖然對環境有相當大的危害，但是因為這點，我在旅行社也多買了一個東西，這個東西是對環保有利的，就是所謂的碳排放牌照！」

氣候到底是什麼東西？

我們所說的氣候，是指某一個特定區域的典型天氣。譬如說：歐洲中部擁有相當溫和的氣候。在這裡可以生活得相當舒適：冬天的時候不會太冷，而夏天的時候也不會熱過頭。

在地球上，每個區域的氣候都是不同的：北極和南極地區的氣候永遠都非常冰冷，只有少數的植物和動物能夠存活下來。相反的，赤道周圍的熱帶地區則是整年酷熱，而且下很多雨。這都是因為太陽的關係——在南北極區，陽光的照射不像在熱帶地區一樣強烈。

人們可以按照雨下得多不多，或是天氣冷不冷、熱不熱、暖不暖，來將地球劃分許多氣候帶。

「排……什麼？這是什麼奇怪的名詞啊？」漢娜驚訝的問道。

她的父親笑了。「碳排放就是廢氣的意思。牌照呢，就是一種證明。也就是說，我買了一張廢氣證明。我買這張證明所花的錢呢，會被用來贊助全世界各地的環境保護計畫。藉由這些計畫，飛機在飛越海洋時所排入空中的廢氣，能被平衡回來。」漢娜的爸爸解釋道。

漢娜相當疑惑的提出問題：「這是怎麼辦到的呢？」

「這也是在旅行社的時候，他們解釋給我聽的：舉例來說，這些錢會用來在非洲裝置抽水機，但是這個抽水機是使用太陽能能源的。這樣一來，在那裡的居民就可以從井裡抽取出乾淨的水了。有這些太陽能水井，他們就不再蓋那些骯髒的柴油井了。」

「也就是說其他人會幫我們省下這些廢氣。」漢娜繼續追問道。

「沒錯，是可以這麼說。」她的父親點了點

難道我們以後都不應該去旅行？

就像汽車一樣，飛機會排放廢氣到空氣裡。就算是火車也得消耗從發電廠所生產的電力。所以說，旅行並不是件很環保的事情──除非，我們用走的！因為飛行變得越來越便利的關係，許多歐洲人趁著週末快速的飛到巴黎或是倫敦，只為了逛街購物，像這樣的旅行其實完全是不必要的。

如果你和家人是因為要去渡假而搭飛機、坐火車，那你完全不需要覺得有罪惡感。畢竟你是想要在假期中認識異國文化，而且你的家人為了平衡製造出的廢氣，可以為環保貢獻點心力，例如：購買碳排放證明，或是種下一棵樹。

頭。

幾個小時過後，四個人總算是到達目的地了。雖然又累又滿身是汗的，但卻相當開心。

瑪麗亞姑姑還有一個年輕的男生，早就在門外等著這一家人了。

「哦！我的天啊，你們的行李真不少！是打算要直接搬過來和我們住嗎？」瑪麗亞姑姑打趣的說道。

「哦，不，不用擔心。我們只待兩個禮拜。但是簡直令人不能相信，在我們那兒現在可是冬天，在這裡卻正是夏天……所以我們把半個衣櫃的衣服都給打包了。」藍恩克先生開玩笑的說著，並用雙臂環抱住他的姑姑。

「哈囉，孩子們。讓我好好看看你們，你們也長得這麼大了。」瑪麗亞姑姑一邊大聲說著，一邊摸著漢娜和里昂的頭。

「歡迎你們來到巴西！或是用我們的葡萄牙語說：Bem vindo ！（歡迎）」

「謝謝，真可惜我們不會說葡萄牙文，但是我們希望妳可以充當一下我們的隨行口譯員。」漢娜的爸爸這麼回答。

「這我很樂意。然後，這位是安東尼奧，我的孫子。和我們兩個說話是不需要翻譯的，安東尼奧在大學主修德文。」

「哈囉。」安東尼奧親切的和大家打招呼，並且一個一個的握手問候。「我的德文說得還不是非常好。」安東尼奧有著一頭黑色、向後梳齊的頭髮，而且一身肌膚曬成咖啡色。

「聽起來很棒啊！我想，在你旁邊我們的確不需要瑪麗亞姑姑來充當口譯員了。」藍恩克先生笑著又再說了一次。

漢娜好奇的觀察著瑪麗亞姑婆。她有著一張親切、被太陽曬成褐色的臉，還有一頭白白的頭髮，被她梳到腦後，紮成了一條馬尾。另外，她穿著一身五彩繽紛的大花連身洋裝。

「我們的姑婆好時髦、好漂亮。」漢娜這麼想著。

幸好安東尼奧有一台大車子。在行李都塞好了之後，他開著車子穿梭在擁擠的交通裡。最後終於抵達了貝倫安靜的郊區，瑪麗亞姑姑的房子就在這裡。

「快進來參觀！」瑪麗亞姑姑開心的喊著。「現在先讓我們來吃一塊大蛋糕吧。」

蛋糕之外，她還端上了咖啡和熱可可，可可的味道相當甜。外頭的天氣熱得令人喘不過氣來。

「這麼熱的天氣，在我們那裡大概只有盛夏的時候才會有吧。」漢娜想著。

不一會兒，天空裡已經捲起厚厚的雲。

「等一下會下雨嗎？」藍恩克太太擔心著。

「喔，一定會的。」瑪麗亞姑姑微笑的回答。「我們這裡幾乎天天都下雨。正是因為這樣，所有的植物都長得相當的茂盛，尤其是我們的雨林！」里昂有點驚訝：「雨林是因為這樣才叫做雨林的嗎？」

「你說得沒錯！雨林是長期需要雨水才能生長的。正是因為這樣，這種原始森林也只有生長在我們熱帶地區。」瑪麗亞姑姑解釋著。

「有些人也稱呼我們的雨林叫『地球綠色的肺』。」安東尼奧表情嚴肅的補充。

「地球的肺？」漢娜微笑著，「但是地球並不會呼吸啊！」

「地球當然不會呼吸，但是在雨林裡的幾百萬棵樹會製造人類呼吸時需要的氧氣，因此雨林對於地球的生物而言，可是攸關生命一樣的重要。」

「好囉，為了不要讓安東尼奧越講越興奮，」瑪麗亞姑姑微微的笑著，「大家應該先去好好休息一下，明天晚上我們有很多客人要見呢。」她小小的打了個哈欠。「我現在該去睡覺了。為了明天滿滿的活動，一頓好好的午休是不能少的，這個時候我可就變成一個完完全全的巴西人啦！」說完，大家就各自回到房裡睡午覺去。

漢娜和里昂因為搭飛機而累得不得了，所以馬上就睡著。

他們一點兒也沒聽到，幾分鐘之後，一場豪大雨是如何開始的。

地球綠色的肺

地球當然不會呼吸。但是我們還是可以這麼說，地球有個「綠色的肺」，它指的就是熱帶雨林。那是一片面積相當大的森林區，環繞著地球的熱帶區域生長著。因為在熱帶地區全年都相當的溫熱，而且經常下雨，所以樹木在這裡長得又大又茂盛。這些樹木的葉子會製造氧氣，而氧氣對於需要呼吸的人類和動物而言是相當必需的。因此，我們還能夠在地球上活著，雨林可說是有著相當重要的貢獻。

當漢娜再次醒來的時候，一時還無法想起來，現在是在哪裡。房門前面傳來完全陌生的聲音，和一陣陣的哄堂大笑，接著又傳來一陣吵鬧聲。漢娜

一股勁兒跳下床，好奇的往走廊上看去。就在一大串的彩色紙帶下，有一個黑頭髮的小男生，不知該怎麼辦的看著她：「對不起，我把妳吵醒了嗎？我叫貝德羅，是妳的小表弟！」

「但這小表弟可一點也不小。」漢娜自顧自的想著。「沒關係，」她對著貝德羅微笑道，「反正我也正好要起床，現在一定是晚餐時間了吧。」

「晚餐？」貝德羅咧著嘴笑開了，「我覺得應該是早餐吧！妳從昨天下午就開始睡到現在了，妳是頂貪睡帽，妳們在德國也這樣說嗎？」

漢娜也笑個不停，兩個人一起往廚房走去，她的父母和里昂已經坐在早餐桌旁了。

漢娜才一喝完熱可可，安東尼奧就從門外探頭進來：「漢娜、里昂，你們兩個要不要一起來？貝德羅和我，還有我的朋友們正在計劃一場示威遊行哦。」「那是什麼？四位旅行？」里昂驚訝的問道。

「我們要針對雨林濫伐表達抗議，」安東尼奧解釋道，「今天我們要去一個大型植栽園區，那邊正在種植黃豆。園區就位在雨林的邊緣。植栽園區的老闆想要再砍掉雨林的一塊面積，好讓他的田地能再擴大。這就是我們要阻止的事情！貝德羅和我的朋友們已經先出發了。」

「不會很危險嗎？」藍恩克太太憂心的插嘴問道。

「我們也只是示威遊行而已，不用擔心的，」安東尼奧安撫著她解釋道，「我們的雨林不斷的被濫伐、燒毀，總得有人對此表達一下關切。」突然之間，他看起來相當的難過。

「怎麼了，為什麼難過？」漢娜關心的問道。

「販賣熱帶林木可以賺很多錢，在火燒過的田園區種植油棕櫚樹或是黃豆也可以賺很多錢。只要一和錢有關連，大多數的人就不會再顧慮到要保護環境。」安東尼奧生氣的解釋著。

「沒錯，這情況在我們歐洲也沒什麼不同。」里昂的媽媽惋惜的說道。

安東尼奧趕緊問：「所以呢，怎麼樣？你們要一起來嗎？」

「媽媽，可以讓我們去嗎？」漢娜央求著說，「反正我們待在家也只是在妨礙你們而已嘛。」

「好吧，但是安東尼奧，拜託要好好注意他們喔！」

「那當然，我會像守護寶藏一樣的保護他們。德文裡也是這樣說的，對嗎？」安東尼奧笑著說。

半小時過後，漢娜和里昂坐在安東尼奧的車上。在開到雨林區邊緣的路途上，車子一路顛簸、發出喀喀的聲響。剛開始的道路是有鋪柏油的，但是沒多久之後，就都是碎石子路了。恰巧這時迎面開過來的，就是一輛載運木頭的大型聯結車。

漢娜驚呼道：「那些在聯結車上的樹幹好巨大哦！」

安東尼奧點點頭說：「沒錯，拜溫暖的氣候所賜，熱帶樹木在這裡很快就可以長得非常高大。在大樹底下，也有各種不同的植物，它們長成後的大小則不一定。熱帶雨林區有著所謂的多樓層，就像一棟房子一樣，而且在每一層樓裡面，居住著不一樣的動物和植物。」

漢娜仔細的往碎石子路旁茂密的灌木叢裡看。

「安東尼奧，剛剛在那裡的是不是一隻猴子？」她突然興奮的大叫。

「非常有可能哦。在我們的雨林裡面居住了很多猴子，還有上百萬隻其他的動物們。」

「你們有雨林真好，」漢娜這樣覺得，「在我們的森林裡面頂多也只能找到一隻小鹿而已。」

「要是雨林繼續消失，那這些猴子很快就會沒有生存空間了，那時才叫好吧。」安東尼奧反諷的說。

「為什麼人們需要這些貫穿雨林的道路呢？」里昂相當的好奇。

安東尼奧嘆息的說：「這些道路其實只會帶給雨林，以及仍然住在雨林區裡的原住民們不幸。」

「為什麼？」

物種的滅絕與保育

在地球上大約有三千萬種不同的動物、植物種類。目前還沒有生物學家能夠全部認得！可惜的是，在可預見的未來，已經有許多物種將會滅絕。原因就在於，人類不停的擴建城市和街道。動物與植物便因此失去了生存的空間。

透過特定的保育方法，我們至少還是可以挽救少數幾種即將滅絕的物種。舉例來說，在還沒有受到保育之前，歐洲的水獺就幾乎快要消失了。在受到保育之後，牠們才又能開始繼續繁衍。相反的，有些在亞洲的動物種類早已從地球上永遠的消失不見了。

「只要道路一開好，伐木業者、淘金客就全部出現了。他們不只毀了森林，還會傳染疾病給原住民，也就是印地安人，另外他們還會汙染飲用水。」

沒多久後，雨林漸漸明亮起來了。安東尼奧這時開得比較慢一點。在車子的左邊，漢娜看到一棟棟完全沒有裝飾的灰色建築物，被高高的圍籬環繞起來。

「這裡就是黃豆植栽園區，」安東尼奧解釋著，「生產的黃豆以後會被製成肉牛的飼料。為了要種植黃豆，我們的雨林在幾年前已經被砍掉好大一塊區域。」

在植栽園區前面，正站著一群年輕的男生和女生。他們高舉著立牌並且唱著歌曲。一些示威的人

熱帶雨林正在消失中

雨林已經有好幾百歲了，它分布在地球上的區域相當遼闊。但是這些區域越變越小。因為，販賣熱帶雨林的樹木可以讓人賺很多錢。因此在很多國家，人類便直接將雨林砍掉，或是燒掉，接著，大型的契約型農田會建在燒乾淨的林區上，或者是在上面飼養肉牛。透過這樣的方式，每天都有大面積的雨林從地球上消失。這不僅僅是對氣候有害而已，還有許多動物和植物的生存空間將因此遭到破壞。

對著一個攝影師和兩個記者做著誇張的手勢，試圖要說服他們。

「貝德羅也在那裡！」漢娜開心的叫道。

她跟著安東尼奥和里昂一起跟環保人士們打起招呼來。安東尼奥和他的朋友們互相點頭示意，所有的人七嘴八舌的討論著。漢娜和里昂一個字也聽不懂。

「他們每個人都說葡萄牙語。」里昂悄悄的跟漢娜說。

他們兩個人好奇的看著四周，兩個保全人員控制著進入植栽園區的入口。

「他們看起來好嚴肅哦。」漢娜嘟噥的說。

然後她偷偷的問安東尼奧：「我們來這裡會有什麼幫助嗎？」

「這非常難說，」漢娜的表哥也悄悄的回答她，「但最重要的是，我們為此做了點事情。因為什麼都不做的話，世界並不會變好。」然後他咧開嘴笑著，並且敲敲漢娜的肩膀說：「不管怎麼樣，我們得到了兩個來自歐洲的新會員啊！」

直到現在漢娜才注意到有一群示威遊行的人，他們臉上有彩繪的妝，上半身也赤裸著。

里昂驚訝的問道：「嘿，貝德羅，現在是在慶祝嘉年華嗎？」

貝德羅笑一笑，並且搖搖頭說：「不是的，里昂，他們是居住在這附近的印地安人。他們一直都是這樣打扮和全身彩繪。這些印地安人和我們一起遊行，抗議雨林濫伐，畢竟那裡是他們的家鄉啊。」

自然的溫室效應對氣候很重要

去過溫室花園嗎？園丁們便是在這種玻璃蓋成的房子裡，利用所謂自然的溫室效應，讓他們的植物長得更好：玻璃不但會讓太陽溫暖的光線透進來，而且還會讓陽光形成的熱溫度不再外流。

地球的大氣也是這樣運作的──只是沒有玻璃。取而代之的是一種特定的氣體──所謂的溫室氣體，它能夠抓住陽光，然後把它轉換成熱能。如果沒有這種溫室氣體，地球將會變得太冷，而不適合生存。

里昂繼續追問：「印地安人在雨林裡到底是靠什麼生活啊？」

「他們以摘取野生水果和打獵維生。但是如果植栽園區再繼續擴大的話，生存就更困難了。這也是我們為什麼要反對植栽園區的其中一個原因。」

漢娜接著問：「那麼，還有其他的原因嗎？」

「第二個重要的原因就是氣候變遷，這個你們一定已經聽過了吧。」

漢娜非常的驚訝：「難道在巴西這裡，也有發生氣候變遷嗎？」

貝德羅苦笑道：「是啊。在全世界的每一個地方都有氣候變遷！而且濫伐雨林也會使得歐洲的氣候產生變化。」

「那麼全世界的每一個人都應該要做點什麼來對抗。」漢娜大聲說道。

「沒錯。而且要對抗氣候變遷，不一定要站在這個植栽園區前面哦。待在家裡一樣可以做點什麼。」

「然後呢？」里昂非常的想要知道。

「例如，你可以請父母親不要購買任何用熱帶樹木製成的家具。」貝德羅向他解釋。

「還有，請他們不要每天都吃肉，」安東尼奧這時也插話進來，「歐洲有不少的牛肉是從南美洲進口的。例如，好吃的阿根廷牛排。為了要給這麼多的肉牛有足夠的牧場，因此在這裡就有大片的雨林會被剷平。」

「等我們回到家之後，一定會把這些事情都講

人為的溫室效應對氣候有害

除了天然的溫室效應之外，也有人為的溫室效應：特別是在燒煤炭、天然氣、石油，還有火燒雨林的時候，更會釋放出大量的溫室氣體。這些溫室氣體會額外增加空氣的溫度，並且使地球的氣候大亂。這些人為的溫室效應，該為全世界的氣候變遷負起責任。

給朋友們聽的。到時候就可以看看，除了這些之外還可以再多做點什麼。」漢娜堅定的許願。

「你們現在就可以著手開始啊。」貝德羅邊說邊轉身跑開。然後他帶著一面立牌跑回來，塞給漢娜和里昂。

上頭寫的標語是葡萄牙文，但是安東尼奧馬上翻譯給他們兩個聽：「上面寫的是『把你們的手指從這片雨林移開！』」

「沒錯，碰都別碰！」里昂表情堅定的喊著，並且高高的舉起這面立牌來。

在回家的途中，漢娜問安東尼奧：「我們現在有達成目的了嗎？」

她的表哥聳了聳肩膀：「當然沒有這麼快。但是我們已經再一次的讓這個植栽園區的老闆知道，我們會讓他不得安寧的。而且希望新聞記者會在報紙和電視報導我們的遊行。越多人清楚的知道這一回事就越好。」

「但是現在讓我們來想想其他也很重要的事情吧，」貝德羅打斷他們的談話，「家裡一定已經把瑪麗亞奶奶慶生會的東西都準備好了！」

當四個人回到家的時候，慶生會剛好開始。一群穿著五彩繽紛顏色衣服的樂手正在幫樂器調音。瑪麗亞姑婆打扮得相當細心，來回忙碌的在廚房和花園兩邊跑來跑去。藍恩克夫婦則和卡羅斯叔叔、久安娜嬸嬸一起站在入口處，等著第一批客人來到。

里昂興奮的跑向他的父母親。「媽媽、爸爸，我們剛剛去拯救雨林耶！」

「然後呢？有達成任務嗎？」藍恩克先生問道。

「還沒有，但是如果我去學校跟大家說這些事情，那他們就知道了。然後我們可以辦一個大遊行！」

藍恩克太太笑著摸了摸里昂的頭。

「我想你以後八成會變成一個有力的環保鬥士吧。」

「什麼叫做以後，」里昂生氣的說，「我現在就是啦！」

氣候變遷

直到目前為止，研究人員都同意：人類引起的溫室效應，對於地球氣候的影響最令人憂慮。如果我們運氣差的話，某一天會變成報紙上所謂的氣候大浩劫。根據推測，由於氣候變遷的關係，往後幾百年內地球上的氣溫將會升高一些。如此一來，因為人們居住的地區不再下雪的關係，就不僅僅是冬天的滑雪活動可能會消失而已，還會有其他真正令人害怕的事情發生。例如你可能已經聽過的下列這幾點：

- 南極和北極的冰塊將會完全融化。北極熊、南極企鵝，以及其他許多動物都會失去牠們的家。

- 海平面將會升高到讓住在沿海地區的居民必須要搬家。

- 往後的暴風雨和狂風將會變得更加猛烈。它們可能會造成重大的傷害，並使許多人受傷。

✹ 沙漠面積將會越來越大，因為地球上某幾個地方不只是會變得更溫熱而已，還會變得更少下雨。許多人將會挨餓，因為在他們的土地上，將沒辦法長出任何東西來。

✹ 反之，其他的地區則會更常下雨，因此可能會有許多山崩和洪水發生。

✹ 許多動物和植物可能沒辦法適應比較高的溫度而因此滅種。

✹ 許多動物可能會成群遷移到一些牠們目前不能生存的地方。其中的一些，例如舌蠅（Tsetse fly），會散播疾病，並且將疾病帶入目前沒有這些疾病的地區。

給家長的忠告——環保永遠是個議題

你一定還記得森林消失和酸雨這幾個詞彙。這兩個字在臭氧層破洞的議題還盛行時，同時間出現在許多媒體上。從那時開始，我們大部分的人便很乖巧的開始做垃圾分類，也開始使用不含氟利昂氣體（Chlorofluorocarbon = Freon）的髮膠產品，也換駕駛有觸媒轉化劑（Catalytic converter）和相移電路（RC circuit）的車子。

如今，民眾對於這類議題的興趣已經在時間流逝中大大減退了。但是森林還是病得相當嚴重，而且臭氧層的破洞，推測也需要再過幾十年才會消失。

在這段期間當中，大眾關心的則是其他的環保議題：「氣候變遷」、「全球暖化」，還有「人為溫室效應」(anthropogenic greenhouse effect)。這些問題可能會長時間的對我們，以及我們的小孩造成傷害。因此這個問題像是一條紅線一樣貫穿全書。而其他已經不再受到大眾注意的議題也仍然持續到現在——環保將會是，也仍會是二十一世紀的關注重點。

全球暖化的時代已經來了，這是相當確定的。我們只是不能夠預見其結果是否將導致大災難，或是現在是不是還能夠改變這個結果，以及能不能控制住它對地球以及人類的傷害。

事實上，還是有許多人否認，人們的行為會對地球的氣候造成巨大的影響。這些人士將會繼續目前的行為，直到某一天有足夠的證據被找到為止。

到那個時候，可能一切已經太晚了。我們的孩子將會成為這種盲目無知的受難者，因為他們必須替我們承擔這些後果，而且所承擔的時間比我們，以及其他的始作俑者還來得更久。

當然，氣候並不是唯一一個環境要對抗的問題。水源汙染、空氣汙染、噪音汙染，在日常生活中也無所不在。雨林的濫伐，以及動物、植物的滅種，只是較常出現在電視或是報紙上而已。這些濫伐的恐怖後果，對於大自然而言是全面性的，就算這些環境迫害在歐洲並不是那麼明顯。「德國的氣溫將會升高二到六度」，這樣模糊保守的預測，還會讓大部分人開起玩笑來，並且鼓吹說現在總算有「比較好的天氣」了。

大多數的環境負擔都不是單一的問題。它們環環相扣並且相互影響著。而且並不只是在形成的地區造成影響，最嚴重的情況是影響全世界。唯有在人類的步調一致，保護我們的環境，和維護地球上的大自然時才有可能成功。在這一點上，去等待其他的人有所作為，絕對不是正確的方法。自己從小處著手，做些對抗環境汙染與支持環境保護有益的事情，才是至理。這樣才會有成效，通常也比較容易付諸實行。藉此，我們大人也能夠透過自己的行動為孩童們樹立榜樣。

有一句經常被嘲諷為生態環保主義者之詩的話是這樣寫的：「這個地球只是我們向子孫們借來的。」這原本是一句古老的印地安人諺語，是從和大自然和諧一致的生命所得出的句子，它被印地安民族以及其他的原始民族所遵循著。在現今的工業化社會裡，和大自然和諧相處幾乎已經是不可能。大家並不會將富有和環保以及大自然列入同一個等級裡，大自然通常是被富有生活所犧牲掉。

環境破壞所導致的災難性結果，最有可能是先會在那些，從來不敢奢望過富有生活的人身上被發現：也就是居住在開發中國家的人們。接著政治人物會開始為了必須要簽訂的協定、公約而大吵。

直到第一個位於工業國家的大都會城市慢慢受到影響之後，人們才比較有可能會想要著手處理這些問題。但到那時，一切已經太晚了。因此，我們應該立即著手為環保盡一份心力。

克莉絲提昂・諾茵郝絲

如何利用本書

本書的目的之一是為了傳達對於大自然的認知與重視。具備了這樣的認知之後，便會知道正確且負責任對待環境的方式。

書中所有的短篇小故事，都有可能發生在真實、正常的生活環境裡。這些廣泛從日常生活中蒐集而來的經驗，介紹了我們的環境裡，各種不同的元素，並且引起多方面對於大自然的興趣。各個單元之間皆獨立，可以單章，也可以依照個人喜好的順序來閱讀。

每個短篇小故事中皆安插許多資訊小專欄，裡面詳盡解釋許多重要的單一觀念，或是基本主題，例如：海洋生物的過度捕撈，或者是太陽能的利用。當然，對於這些複雜的概念做充分的解釋，是這些小專欄沒辦法提供的。請你將這些資訊當做是連結任何其他，會讓你或是你的小孩特別感興趣的主題之開端。你們可以一起尋找更多相關書籍，或是去體會大自然現象。請和孩子一起踏出戶外，體驗多元的自然環境吧！

你可以做些什麼來保護環境呢？

「獨自一個人又沒有辦法改變什麼！」許多人總是很難相信，透過個人的投入將能夠為保護我們的星球做點貢獻。其實我們每一個人日常生活習慣小小的改變，就能夠發揮一點點作用。任何適用的建議，你都可以在本書中找到。實踐它，一點也不需要你和家人捨棄任何舒適的環境。更甚者，其中的一些建議還可以幫你省下錢呢。

許多會傷害環境的事情，是人們成年之後開始的：例如，飆車、週末飛到倫敦瘋狂購物，或是在露台上擺放熱帶植物。這些例子都是小孩子不會做的。身為一個成人，請你發揮樹立典範的功用，透過自身行動來表示，每個人都能夠做點什麼來改變現在。

有些會汙染環境的物品是很難避免不用的。沒有人會要求你賣掉車子，然後每天騎二十公里的自行車去上班，或是從此以後再也不去渡假。也不是每個人都有經濟能力，擁有一個具有太陽能發電站的屋頂，可以製造電力。但是每個人都可以在自己的選擇之內，為環境做些事情。

大自然的永續利用，以及正確負責對待它的方法，可以從小處開始，或是從每一個家庭和每一個小孩的房間開始。如果有許多人加入行動，那麼我們的行為便會影響全球，而我們的小孩子就能夠勉強保有一個算是完好的環境。

《環保小學堂》
學習單

班級：___ 年 ___ 班 學號：_________

姓名：______________________________

一、看完本書後，你覺得為何人類要重視環境保護？

二、動物、植物在地球上各自扮演什麼角色？我們該如何保護各種物種呢？

三、你知道如何善用太陽的力量嗎？查查看，風力發電有什麼好處呢？

四、造成空氣汙染的原因有哪些？為了維持空氣清淨，我們可以做些什麼？

五、水災和旱災分別對人類造成何種影響？請提供五個節約用水的好方法。

六、颱風將來襲時，你們通常會做哪些準備呢？

七、海洋對地球的貢獻有哪些？為了保護海洋，我們能做些什麼？

八、「人類引起的溫室效應，對氣候的影響最令人憂慮。」請說說你的看法。

九、對於環保議題，你認為「獨自一個人無法改變什麼！」這種說法成立嗎？為什麼？

十、請你向父母、同學或老師，收集生活中省錢又環保的妙點子。（請至少收集三個好方法，並分享你實行這些方法後的心得。）

少年萬花筒 JK004

環保小學堂
(Wie ist das mit... der Umwelt)

作　　者／克莉絲提昂・諾茵郝絲
繪　　者／珊德拉・雷克爾斯
譯　　者／黃淑欣
主　　編／李欣芳
編　　輯／吳瑞銀
特約編輯／羅煥耿
內頁編排／中原造像股份有限公司
行銷企劃／謝含欣
印務統籌／江美芬
發 行 人／王聖毅
出 版 者／新苗文化事業有限公司
地　　址／台北市和平西路一段150號4樓之4
電　　話／(02) 2332-0430 (代表號)
傳　　真／(02) 2332-9817
郵政劃撥／18324544
戶　　名／新苗文化事業有限公司
網　　址／http://www.shinmiao.com.tw
初　　版／2011年1月一版一刷

定價／220元
ISBN／978-957-451-470-0

國家圖書館出版品預行編目資料

環保小學堂／克莉絲提昂・諾茵郝絲（Christian Neuhaus）著；
珊德拉・雷克爾斯（Sandra Reckers）繪；黃淑欣譯；

-- 一版. -- 臺北市：新苗文化, 2011.01
面；　公分. -- (少年萬花筒. JK004)
譯自：Wie ist das mit... der Umwelt
ISBN 978-957-451-470-0 (平裝)

1.環境保護　　2.通俗作品

445.99　　　　　　　　　　　　99022095

新苗文化讀者回函

謝謝你買了新苗文化的書。

為了讓我們可以做出更多更好的書，請幫我們回答下列問題，直接剪下寄回（不用貼郵票）或傳真(02)2332-9817。之後新苗會寄新書的書訊給你，如果有什麼優惠活動也會第一個讓你知道哦。

購買的書名：________________________

姓名：____________ 生日：____年____月____日 性別：□男 □女

住家電話：____________ 行動電話：____________

E-mail：________________________

地址：________________________

職業：□學生，目前就讀學校 ____________

□教職，目前任教學校 ____________

□社工，目前服務單位 ____________

□其他：____________

你是從哪裡知道本書的？□書店 □報紙 □雜誌 □廣播 □廣告DM □電子報 □朋友推薦 □老師推薦 □其他：

你是在哪裡買到這本書的？
□ ________ 網路書店 □郵購 □書展 ____________（請寫名稱）

你用多少錢購得這本書？________元 □太貴 □合理 □很便宜

你覺得這本書的內容如何？□很好看 □好看 □普通 □不好看
為什麼：________________________

你覺得這本書的封面如何？□很好看 □好看 □普通 □不好看
為什麼：________________________

你覺得這本書的插圖如何？□很好看 □好看 □普通 □不好看 □沒有插圖
為什麼：________________________

你覺得這本書的版面編排如何？□很好看 □好看 □普通 □不好看
為什麼：________________________

你還有什麼建議或想法可以告訴我們（★如果有發現錯別字，新苗會送一個小禮物給細心的讀者哦～）：

____

____

____

廣　告　回　信
臺灣北區郵政管理局登證
北台字第15117號

免貼郵票

新苗文化事業有限公司

地　址：10079 台北市和平西路一段150號4F之4

電　話：02-23320430　傳　真：02-23329817

E-mail：shinmiao@ms59.hinet.net

網　址：http://www.shinmiao.com.tw

郵政劃撥：18324544　　新苗文化事業有限公司

少年萬花筒

*少年萬花筒